樺山紘一

欧人異聞

刀水新書

1

＊本書では、図版の出典について、以下一覧の略字を使用する

Gallica…フランス国立図書館（電子図書館）
Getty…J・ポール・ゲティ美術館
LC…アメリカ議会図書館
NGA…ナショナル・ギャラリー・オブ・アート（ワシントン）
NPG…ナショナル・ポートレート・ギャラリー（ロンドン）
NYPL…ニューヨーク公共図書館
MET…メトロポリタン美術館
RIJKS…アムステルダム国立美術館
Wiki…Wikimedia Commons

出典の記載がない写真は久野裕子撮影

＊なお、頁右下に日本経済新聞の掲載日を記す

欧人異聞

樺山紘一

ナポレオンは〝イタリアン〟

ナポレオンという人は、どこかフランス人らしくない。たしかに、革命後のフランスで衆望をにない、たちどころに皇帝にまでなりあがった。フランスをしてヨーロッパ覇権を独占させるほどの、権力者であった。フランスの全人格を代表するかのようだ。それなのになぜ……。

ナポレオンが生まれたとき、故郷のコルシカ島は、たしかにフランスの一部だった。１７６９年のこと。だが、コルシカ島はようやくその前年にフランスになったばかりのほやほや。ながらく、コルシカはイタリアのジェノヴァ共和国の領地だった。その呼び名自体が、イタリア語である。フランス語では、コルス。両親はもとより、兄まででもジェノヴァ人。どうみても、生粋のフランス人とはいいかねる。もっとも、18世紀の人間にとって、生地と国籍とは、あまり正確に対応していなかったのだが。

ナポレオンとよぶが、じつは生まれつきの名は洗礼簿にしたがって、イタリア風にナポレオーニ・ディ・ブオナパルテ。のちにフランス風にナポレオン・ボナパルトと改めた。フランス陸軍の幹部候補生となってからだ。でも

コルシカ島…地中海西部、イタリア半島の西に位置するフランス領の島

そのころには、十分にフランス語の流暢な発音ができず、まだ、文章もつたなかった。コルシカ島の南部、アジャクシォ出身の下級貴族は、たぶんその田舎ぶりを蔑《ないがし》ろにされたにちがいない。なにせ、アジャクシォとは、全フランスのなかでも、パリからもっとも僻遠《へきえん》の地。

フランスとまだ縁もうすかったナポレオンに、フランス人は故国の運命を託したのである。それは、賢明な勇断といえるのか、それとも英雄の修辞にほだされてのことか。いずれであれ、フランス人は興奮のうちに、英雄を迎えいれ、最後にはナポレオンをして、はるか大西洋の孤島で生涯をおえさせることになった。

「欧人異聞」と題して、これから代表的ヨーロッパ人の不思議を追尾してみたい。意外性の面白さにおつきあいしていただけるであろうか。どうか、よろしく。

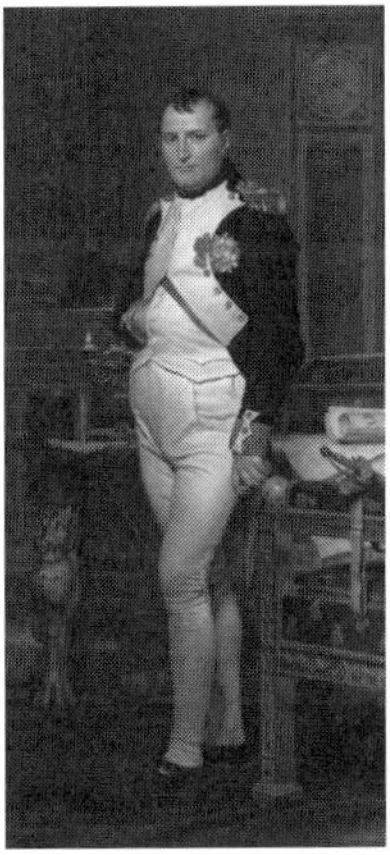

（上図）皇帝時代のナポレオン…近衛連隊長の制服を着用している（ダヴィド作、1812年、NGA）

北の賢女、ローマでお転《てん》婆《ば》

　北方の猛女の生涯。父親スウェーデン国王グスタフ2世アドルフが、三十年戦争のさなか戦死したのは、クリスティーナが6歳の時。だが、いささかの不安も、もよおすことはなかった。少女時代から、軍服をまとって、乗馬に砲術。勇猛のスウェーデン兵を率いた。公式に女王に即位したのは18歳。

　だが、その武威には、知性の裏うちがあった。文への傾倒。宮廷に哲学者や作家、音楽家を招き、教養をみがく。三十年戦争後の1650年には、世評も高いフランス人哲学者デカルトをよんで、御前講義。名講義は、真冬のストックホルム王宮で、朝5時から開始された。結末は、理性の哲学者の消耗した死となった。

　さてところが、若き女王クリスティーナは、これに懲りない。国の公式宗教であるルター派教会に反発。極秘裡《ごくひり》に、カトリック教会に帰依し、とうとう28歳にして、王位を放棄して改宗。なんと母国を脱出する。蓄積した財宝と知性を馬と荷車につんで、カトリックの総本山ローマのヴァチカンに赴く。

　それからというもの、ローマを舞台にミネルヴァ（知恵の女神）は貴人・文人や教会人にかこまれ、じつに奔放な

（右図）クリスティーナ女王（1626〜89）…（1653年、スウェーデン国立美術館）

三十年戦争…1618〜48年にドイツ（神聖ローマ帝国）を中心としておこった、最後で最大の宗教戦争

暮らしをいとなんだ。母国からは、年金もおくられる。

　それなりの美形ではあるが、むしろ男装を好んだという。浮いた話の有無については、議論はわかれるが、ともあれ、生涯、独身をつらぬいた。こうしてローマ暮しを楽しんだ、退位後のスウェーデン女王は、やがて財力困窮して、ナポリ王国やポーランド王国の継承者に名乗りでる始末であった。これには、庇護《ひご》者を任じたローマ教皇たちも、匙《さじ》を投げざるをえない。

　さて、「北のミネルヴァ」とよばれたクリスティーナは、ほんとうに賢女だったのか、それともたんなるお転婆か。そのどちらであれ、比べようもない烈女は、62歳にしてローマで逝った。遺骸は、サン・ピエトロ寺院にほうむられた。

ウプサラ城でのクリスティーナ女王の退位
（スウェーデン国立美術館）

サン・ピエトロ寺院…バチカン市国に位置し、ローマ教皇が統治するカトリック教会の中心。聖ペテロの墓所

パドヴァのアントニウス

アントニウスという人は、ヨーロッパ史にはたくさんいる。パドヴァのアントニウスとは13世紀の聖人。ポルトガル生まれ。修道士として、聖フランチェスコのもとに投じ、南ヨーロッパで説教に専念した。ボローニャ、モンペリエなどに。おりから、熱狂をよびこんだ托鉢《たくはつ》修道会運動の先端をになった。腐敗した教会組織を批判し、改革の方向をもとめた。

　アントニウスに目がむくのは、ことに死後になってこの修道士への崇拝のうねりが、巻きおこったからだ。1231年にかれは、北イタリアはパドヴァの町で、死去した。それからというもの、パドヴァは、アントニウス巡礼の町として、ひときわ知られることになる。

　もっとも、北イタリアの平原のただなか、すでに古代ローマ時代から栄えていた。交通の要衝だったからである。アントニウスののち、中世にはイタリアで二番目に古い大学が立地し、ことに医学教育のセンターとして重きをなす。画家ジョットがやってきて、新設のスクロヴェーニ礼拝堂に「イエスの生涯」をめぐる、フレスコ連作を制作した。ルネサンス時代には、彫刻家ド

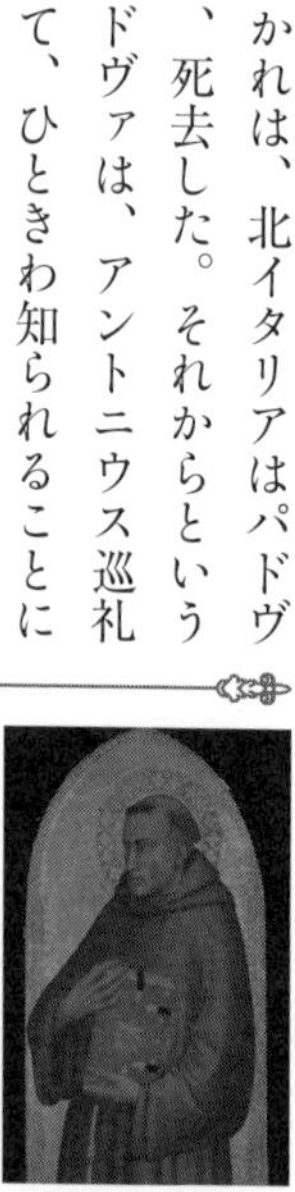

（右図）パドヴァの聖アントニウス…（1340年、MET）

托鉢修道会運動…イエスとその使徒に倣った厳しい清貧生活を送り、福音を説いた運動

2011年1月23日

ナテッロが、「ガッタメラータ」像をおくった。これらすべては、いまもパドヴァに多数の観光客をよび集めている。

だが、それにもまして、イタリアの篤実《とくじつ》な信徒の群れを集めたのは、むしろ、アントニウスを記念する聖堂のほうである。かねて、貧者を尊崇しイエスの声をもとめた聖アントニウスは、信仰の根本を体現していると理解された。しかも、この聖者はなぜか、「失せもの探し」の表象として、愛着をあつめてきた。かつて、その弟子が無断でもちだした祈祷《きとう》書を再発見したという故事にちなんでのこと。素朴すぎる民衆信仰か。

パドヴァとアントニウス。ふたつの奇妙な結びつきがあってこそ、千年にちかい生命がときめく。その疼《うず》きこそ、町と人をして永遠ならしめるものだ。

パドヴァの大聖堂とガッタメラータ像

フレスコ…壁に新鮮で生乾きの状態の漆喰を塗り、それが乾かない間に水で溶いた天然の顔料で描く手法

アウグスト強王の日本磁器宮

1700年ころ、東方ドイツのザクセン大公フリードリヒ・アウグストの計略。宮廷の錬金術師ベトガーを騙しすかして城に幽閉し、磁器用の岩石の発見を強要した。黄金を製造するよりは、こちらが容易だろうと。いまではカオリン石とよばれる原料をつかって焼成する。隠密のうちに開発した技術は、マイセン窯で産業となり、ヨーロッパ最初の磁器がうまれる。

大公は、若くしてドイツに重きをなし、隣国ポーランドの王位をもかねて、「強王」とまで呼ばれた。なにしろ、熊のような腕力と魂胆だから。だが、こんどは優しい眼力をほこりはじめる。自力で硬度の高い磁器を生産しようと。陶器ではだめ。磁器でなければ。その肌の白さと艶《つや》っぽさはどうだろう。秘密を保持するために、こっそりと生産をはじめたマイセン窯は、こうしてヨーロッパ磁器の起源となった。それかられちょうど300年。いまも、その名声は不朽である。

だが、マイセンだけでは満足できない。じつは、すでに東アジアから磁器の輸入がはじまっていた。あの中国・景徳鎮と日本・有田磁器の水準の高さはどうしたことか。コレクションに本

2011年1月30日

腰をいれなければ。思いつめると本気だ。手元にいたポーランド人兵士たち600人は、柿右衛門作品と交換されたという。「いま、わたしは磁器の病に罹《かか》った」と告白しているほどだ。

蒐集《しゅうしゅう》した有田磁器は、首都ドレスデンに建てる専用の宮殿にあつめられ、「日本磁器宮」と名付けられるはずであった。1733年に亡くなったときには、残念ながら、未完成だった。磁器コレクションはそののち有為転変、所在もバラバラとなった。

さいわいにも、最近、九州産業大学の研究者によって、その点検・調査が完了し、その地に現存する柿右衛門様式の磁器112点の内容がよくわかった。マイセン窯と幻の日本磁器宮は、アウグスト強王の狂おしい執念の証明である。

柿右衛門様式…乳白色（濁手）の地肌に赤色系の上絵を焼き付けるという有田焼の様式のひとつ

（上図）アウグスト強王とアウグスト2世…2万4千枚以上のマイセン磁器タイルが使用され歴代35人のザクセン君主が描かれた『君主の行列』

メセナの始祖マエケナス

ガイウス・マエケナスが、激しい権力闘争の場から身をひき、自邸で悠々の余生に入ったとき、ローマは帝国へと姿をととのえつつあった。カエサル（シーザー）の暗殺後は、その養子アウグストゥスがひきとり、ライバルとのサバイバル競争をしのぎきった。

軍人ではないマエケナスは、外交と内政の折衝能力は抜群。アウグストゥスの信頼は厚く、ともにいく度もの修羅場をくぐりぬけた。だが、マエケナスの名が後世に知られるのは、その力業のためではない。その文才が鍵だった。

本人は詩人としては、へっぽこといってもよい。けれども若い詩人の才能を見わけ、逸材にまで育てあげること。その眼力はなんとしたことか。アウグストゥスの治世のあいだに、その名を高めた詩人たち、ホラティウスやウェルギリウスたちは、みなマエケナス一派をなし、その指導を受けた。人類史上で、最高の文運を実現したという、紀元直前の数十年間は、じつはマエケナス時代だった。

大金持ちの家系に属し、詩才を育成するには、金に糸目をつけない。この鷹揚《おうよう》さを、のちの人たちはマエケナス

カエサル…古代ローマの将軍・政治家であり、共和政ローマ末期に活躍

アウグストゥス…ローマ帝国初代皇帝であり、パクス・ロマーナの実現者

ホラティウス…ローマ人の日常生活や人間像を描いた作品で『風刺詩集』が有名

ウェルギリウス…トロイヤの王子であるアエネアスの物語を描いた『アエネイス』で知られる

のフランス語読み、つまりメセナの名でよんだ。いまでもメセナ活動（芸術支援）として、二千年の昔をしのばせる。

　だが、なぜこの財産家は、こんな人生を選んだのか。いろいろの識論がある。私の解釈を聞いていただきたい。

　マエケナスは、かつてローマによって糾合された先住民エトルリア王族の血統を引いていた。いわば、体のよい「負け組」。先祖の屈折を何百年も引きつぎ、正統の権力ではないところに輝きをもとめた。所詮《しょせん》、人生はこの世では楽しむべきもの。それを詩文や芸術に求めよう。

　現世享楽発想、エピキュリアンとよばれる。その境地を開拓し、精神の自由を楽しんだマエケナスは、ほんとうはアウグストゥスの権勢を嘲《あざわら》っていたかもしれない。メセナ活動の始祖は、それなりに命がけのエピキュリアンであった。

ガイウス・マエケナス
(NYPL)

エトルリア…イタリア半島中部に定住した傾倒不明の民族および都市国家群。前7～前6世紀が最盛

オコンナーの反骨と直情

19世紀のイギリス、それは近代政治が動揺する時代。いろいろの話題ある人物が登場する。なんといっても、ファーガス・オコンナーだ。

先祖は、アイルランド王につながるという。父は、アイルランド独立をとなえる陣営。だが本人はそれ以上に、イギリスをあわせた不条理な国政に牙をむく。おりしも、1837年、チャーティスト運動が勃発する。疎外された市民、労働者たちが議会の改革を求めて「憲章(チャーター)」を宣言し、一世を風靡した。オコンナーは、そのただなか。

このころオコンネルというよく似た名前の運動家が、アイルランドのカトリック教徒に自由を与え、「解放者」として国民的尊敬をうける。オコンナーのほうは、激しい行動家となって、チャーティスト運動のリーダーとなる。しかも急進派で実力行使主義。

「扇動家とよばれた。議会に民衆の声を。妥協の余地はない。その反骨と直情は、いかにも心底からのアイルランド人。これとはちがって、穏健派のロベットなる改革者は、譲歩を引きだして着実な成果を求め、イギリスの議会主義を進めていった。そのときオコン

チャーティスト運動…1830年代後半から1850年代末まで続いた、イギリスでの普通選挙権の拡大と社会的変革を求める労働者階級の大衆運動

2011年2月13日

ナーはひたすら、反抗をたきつける。何万人の請願デモと何百万人の署名。

　不思議なことに、オコンナーの同調者はいつも大きな波となった。下層の市民も農民も。「国民土地会社」などという、小農地創設運動に肩入れし、工場労働の細民にも耕地を与えたりした。もっとも、その壮途が注目をあびたとはいえ、経営は行きづまり破産。奔放と単純、アイデアと雄弁が、同居していたからか。まるで小説のような政治運動だ。古い自由を追想し、新しい自由の到来を語る破天荒な夢見人だった。

　しまいには、酒にひたり、精神を病んで破滅したとはいえ。論敵すらも一目おいたアイルランド人オコンナーのことを、われわれの友人として、覚えておこう。

（上図）オコンナーの点描画…（ウィリアム・リード作、LC）

虫めづるスリナムの姫君

南アメリカの北端、大西洋に面して、スリナムという小さな国がある。その昔、サトウキビ栽培でさかえた。オランダが目をつけ、北アメリカの領土をイギリスと交換して植民地とした。そちらはのちにニューヨークとなる。スリナムは、いまではふつうの農産地。

すくなくとも3人の画家が、オランダからやって来て、スリナム植民地の情景を、すばらしい絵に残した。まず1640年代、オランダの君侯ナッサウ公が遠征に同行させた、フランス・ポストとアルベルト・エックホウトというふたり。ポストは熱帯の自然を印象的な筆致で油絵に仕立てた。まるで、オランダの同時代人ロイスダールの風景画のように。

エックホウトは、スリナムの市場の光景をえがいた。くわえて、珍しい現地人の風俗と衣装の肖像も。そのどちらも、ヨーロッパの貴人たちのあいだで大評判をとった。エキゾチックな題材が競って求められる時代、そしてレンブラントやフェルメールなど、オランダ絵画の絶頂期でもあったから。

さて3人目は女性である。マリア・メーリアン。もとはドイツで、華麗な花束や花輪を描いていた。ところが、

（右図）ブラジルの眺め…
（フランス・ポスト作、1662年、RIJKS）

どうも本心は、その花に巣くう虫のほうに向かっていたらしい。そこでオランダへ、それどころか珍しい昆虫をもとめて、絵心は熱帯スリナムへ。

娘との冒険旅行。熱帯でモデルにしたのは、美しくもグロテスクなスリナムの虫たち。昆虫やヘビ（それも虫だった）、しかもその幼虫や変態の姿までを細密に。迷彩色もあれば、目にもあざやかな蝶《ちょう》や蛾《が》も。銅版着色画に描きとめられた昆虫図は、ヨーロッパ人を昂奮《こうふん》させた。なぜか虫めづるのは、昔から姫ときまっていたらしい。

スリナム風物をもっともらしく描いた男たちもさることながら、薄気味悪い虫をあつかったメーリアンはいったい何たる姫だったのだろう。生物学者でもあり、画家でもあったという……。

トゥピ族の女性
（エックホウト作，1641年，デンマーク国立美術館）

孔雀蝶の変容
（メーリアン作，1705年，RIJKS）

老大国のラデツキー将軍

　オーストリアという国は、老大国として、東方ヨーロッパに君臨していた。老大だというのは、老人がトップの地位を占めていたからでもある。

　19世紀前半、外相・宰相として豪腕をふるったのは、メッテルニヒ。三月革命で失脚したおりは75歳。でも、亡命後もまだ10年も生きのびた。これと交替するかのように皇帝となったのは、フランツ・ヨーゼフ1世。不幸も多かったが、たいへんな人気だったともいう。68年間も在位し、86歳でなくなった。

　いまひとりの老人のことを忘れないように。オーストリア軍の重鎮。ヨーゼフ・ラデツキー伯爵である。フランス革命時代から前線におり、さらに出世をつづけた。晩年には、イタリア方面の総督になり、ロンバルディア・ヴェネト王国を治めた。1848年の革命の嵐のもとでは、イタリア人の総反乱に出会った。でも、強硬策をとって、武力で鎮圧。筋金入りの元帥は、このときなんと82歳であった。

　かつて、その喜ばしく偉大な勝利が報じられたとき、作曲家ヨハン・シュトラウス(父)は、将軍に祝勝曲をささげた。「ラデツキー行進曲」。

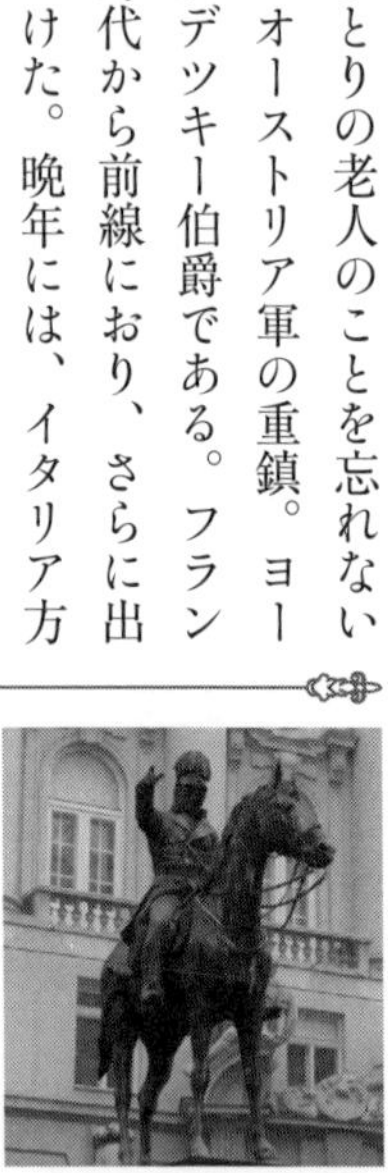

(右図)ラデツキー将軍像…(ウィーン)

三月革命…1848年、フランスの二月革命が波及してドイツ(プロイセン)とオーストリアで起こった自由主義の実現を目指す革命運動

この超有名曲。新年は元日の昼、ウィーン楽友協会ホールで開かれるウィーン・フィルハーモニー管弦楽団の年頭コンサートでは、つねにフィナーレを飾ることになっている。カラヤンも小澤征爾も、「ラデツキー行進曲」では、相好をくずし、満場の客の手拍子とともに、謳いあげる。楽しくも、微笑ましい情景。あのラデツキーだ。かつて、老将軍の軍靴に蹂躙《じゅうりん》された国の人たちであっても、コンサートでは手拍子をあわせる。

イタリアでの軍務に慣れ親しんだ元帥は、ミラノで味わったカツレツの味が忘れられず、ウィーンに帰ってそれを広めたとの噂話もあるほどのグルメ。ウィーナー・シュニツェルという牛・豚肉を薄くたたいて揚げた名物カツレツである。オーストリアの老人を侮ってはなりませんぞ。

ヨハン・シュトラウス（父）
…オーストリア帝国のウィーンを中心に活躍した作曲家

（上図）猛々しく軍を率いるラデツキー…
（1849年、ブラウン大学図書館）

ドラキュラの名誉回復

1989年、ルーマニアの独裁者チャウシェスク大統領が、市民たちのクーデタによって倒れたとき、すぐに連想したのは、500年前の残虐王のこと。ドラキュラである。

ドラキュラは、本名をヴラドという。実在したルーマニア南部ワラキア地方の王であった。当時の東ヨーロッパでは、長らく続いた東ローマ帝国の支配がゆらぎ、オスマン帝国がかわって台頭するところ。その争乱の当事国であるワラキア。一触即発。帝都イスタンブールからの使者は、ヴラド王によって惨殺され、死体は串刺しにされた。報復をねらうオスマン軍はワラキアに侵入。抵抗したワラキア軍には内通者も出て、敗勢に。ヴラド王は、その裏切りの貴族や騎士たちを、あいついで串刺し刑に処す。断末魔となった。周辺の民族も敵味方に分かれて乱戦に。最後は、オスマン軍が勝利して、バル

（上図）ワラキアのヴラド・ドラキュラ…（1500年頃、ストラスブールで制作された版画）

ワラキア公国…現在のルーマニア南部にあった公国。14世紀にハンガリーから自立したが、15世紀にオスマン帝国の支配下に入った

カン半島全体が、その支配下に入った。恐れられたヴラド王は、竜王（ドラゴン）というあだ名が転じて、ドラキュラとよばれる。慈悲もない非情の国王ドラキュラ像の誕生である。

もっとも、どこにでもありそうな残忍話。はるかのちに、19世紀の小説家ブラム・ストーカーが、ホラー小説にしたてあげてしまった。それ以来、ルーマニアは吸血鬼と馴染みはじめる。

わたしが、旧社会主義政権のチャウシェスクと、ドラキュラを重ねあわせたのも、まったくそのためである。

聞くところ、そのときまでドラキュラは、ルーマニアではまったくの未知の人物だったとか。びっくりしたのは当のルーマニア人である。早速に、ドラキュラの知名度に頼って、観光開発に乗りだすものもあった。だが、それはあまりにえげつない。大勢はといえば、この王をして、吸血鬼の汚名から解放し、外国の圧力から民族を救った英雄として褒めたたえた。ドラキュラの名誉は回復されたのである。めでたし、めでたし。

ブラム・ストーカー…アイルランドの作家、1847〜1912年

（上図）ヴラド王の肖像画…（1491年、大英図書館）

ベーリングとピョートル

デンマークはホーセンスの町に生まれたヴィトゥス・ベーリングは、青雲の志をいだいてオランダのアムステルダムに向かった。ヴァイキングの末裔らしく、造船・航海の術を学ぶ。

修業後、東インド会社から、さらにロシア海軍へ。アムステルダムで識りあった年上のロシア人の後を追うかのように。2メートルを優にこえる大男だった。さかんに造船と操船の技術を学習し、船大工として勤務したのち、そのロシア人はいずこへともなく退去していった。

じつは、この男こそ、在位中のモスクワ大公、ピョートル1世その人であった。玉座にある人物は、身分を隠してオランダを訪問。ロシアにはないさまざまの技術を見聞し、習得した。ピョートル青年は帰国後、あいついで国の近代化をめざして、大改革を実現していった。このプロセスは、のちによ

（上図）ロシアの皇帝ピョートル…（NGA）

東インド会社…1600年に設立された、西は喜望峰から東はマゼラン海峡に至る広範な地域での貿易・植民に関する独占権を与えられた大特許会社

アリューシャン列島…北太平洋に弧状に連なり、アメリカ合衆国のアラスカ半島からロシアのカムチャツカ半島にかけて約1930キロメートルにわたって延びる列島

く知られることになる。ロシア帝国としての大発展は、これを機として実現したのだった。

　さて、かたやベーリング青年。ロシア海軍にあって、戦闘に従事した。スウェーデンとの海上決戦、オスマン帝国軍にも応戦。そんな頃、ベーリングはいまやロシア皇帝を名乗るピョートルから厳命を受けとった。シベリア東方の海洋探検である。まず陸路でオホーツクへ、そこからカムチャツカ半島に航行し、さらに北太平洋を北上して、北極海方面へ。

　1728年、ベーリングはそこに二大陸の切れ目があり、海峡があることを発見。その名もベーリング海峡となる。

　これが第1回の遠征。第2回は5年後、さらにアリューシャン列島を周航した。1741年、ベーリングは洋上の島で客死。伝えられるところでは、その帰路オホーツク海からさらに南航し、日本列島の探索をも望んでいたらしい。

　それは、若いころ、東インド会社で耳にした、ユーラシア東端の列島のことが、脳裏に残っていたからではないだろうか。もちろん、そのとき日本は、厳重な鎖国体制のなかにあったのだが。

（左図）ベーリング（1680〜1741）の肖像画…
（Wiki）

セビリアの碩学イシドール

　キリスト教カトリックの頂点にあるローマ教皇は、すべての信徒の安寧と救済の権能をもち、世俗の活動も従属させる。強烈な教皇至上権論だ。その論拠としてもっとも強力だったのは、9世紀ごろになって援用される「教令集」である。

　そのなかには、かつてローマ帝国時代に皇帝が教皇にむけた書状もふくまれる。「コンスタンティヌス帝寄進状」。皇帝は、みずからが征圧したすべての領土を教皇に寄進し、キリスト教会支配に託したと。

　寄進状をはじめとして、「教令集」は圧倒的な権威をたもち、カトリック教会を支えた。だがじつは、そのうちのいくつかは、明々白々な偽文書であった。

　なぜ偽文書が通用したのか。背景にはこの「教令集」を編纂《へんさん》したと伝える人物への、満々の尊敬がある。それは、セビリアのイシドールなる碩学《せきがく》。

　7世紀、スペイン・セビリアの大司教を務め、諸学をきわめた。古今最高の識者との呼び声も高い。「教令集」はひとえにそのイシドールの権威を無断借用して、真正さを喧伝《けんでん》することに成功したわけ。

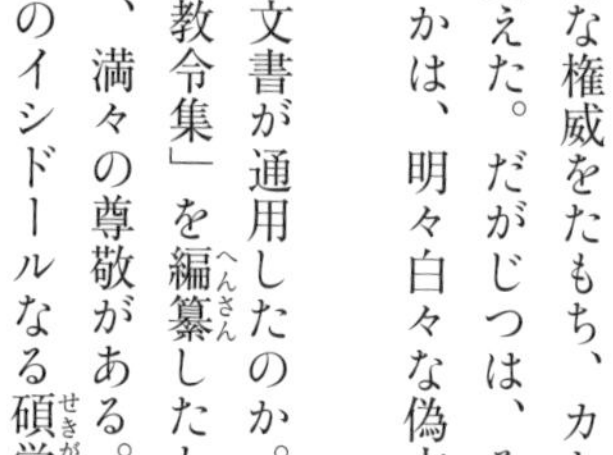

（右図）コンスタンティヌスの寄進…（1247年、サン・シルヴェストロ教会）

もっとも偽文書はいずれは底が割れる。「コンスタンティヌス帝寄進状」は、使用語彙が時代に合わないと立証され、後世の贋作《がんさく》だと分かった。イシドールの責任も免除された。

だがこの人物がすべてにわたって公正かというと、不安もある。じつは代表作としてつとに著名な『語源論』。それによれば、ことばと存在とは密接に結びつくものだ。言語のなかに宇宙の秘密が隠れているとの真理発見である。

たとえば、「夜」(nox)というラテン語は「妨げる」(noceo)という動詞と通じる。なぜなら、暗いから。「人間の」(humanus)は「土地」(humus)と同根。なぜなら人間は大地から生まれたから。

これらはみな誤解であり、イシドールの勇み足。だが、それはそれで、よかろう。いくらか奇計にみえても、万能の知者が、勇気をふるったうえで犯した誤りは、許されるべき範囲内であろうから。

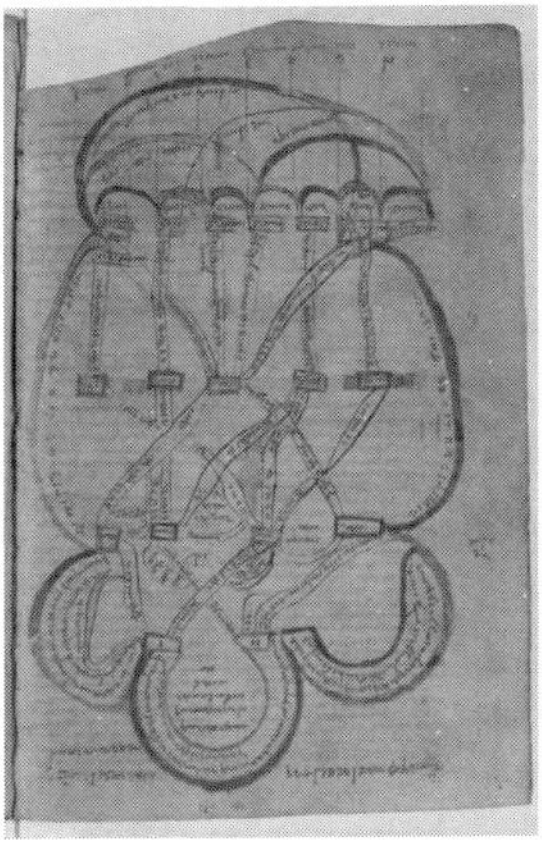

(上図)セビリアの聖イシドール…560年頃~636年頃の『語源論』(LC)

フランス救う聖なる猛女

その頃、パリの町の城郭は、陥落も寸前だった。攻めるのは蛮族の頭領アッチラ。フン族を率いて全フランスを荒らしまわり、人命と財産を零落におとしこんだ。5世紀のなかばのこと。

セーヌ左岸、丘上にそびえる修道尼院では、落城におびえる群衆が明朝にもやってくる悲惨劇を思いやっている。月光さも冴《さ》えわたる深更、ひとりの尼僧が屋上から、パリの民の家屋を見おろしている。

この情景は事件から1500年ものち、フランス近代の画家ピュヴィ・ド・シャヴァンヌが巨大なフレスコで描いた画面にもとづいている。飾られるのは、パリのパンテオン。じつは、かの事件のまさしくその場所である。

落城したか。そうではない。翌朝から、修道院長は市民たちを元気づけ、抵抗をたきつけて、恐ろしいフン族に立ちむかった。蛮族を押しかえした聖なる猛女は、伝説となった。その人の名はサント（聖）・ジュヌヴィエーヴ。

（上図）サント・ジュヌヴィエーヴ…（ピュヴィ・ド・シャヴァンヌ作、パンテオン、パリ）

フン族…4～5世紀にヨーロッパに侵入したアジア系遊牧民族

2011年3月27日

パリ北郊の生まれ。清廉な修道女は、また不抜のリーダーでもあった。パリを救ったジュヌヴィエーヴは、フランス全土からフン族を掃討し、のちにフランク部族の長クローヴィスをして、新生の王国の主にまでしたてた。あわせ、クローヴィスはジュヌヴィエーヴの導きのもとで、シャパーニュのランス大聖堂におもむき、カトリック教徒として洗礼を受けた。ここに晴れて、フランス国家の祖形がうみおとされた。そのようにいまも伝承される。

　しかし、この筋道は、どこかで聞いたことがあるぞ。そう、オルレアンの囲みを解き、王（シャルル7世）をランス大聖堂で戴冠させたあの娘ジャンヌの勇猛と、あまりに似かよっている。

　それは西暦1429年、オルレアンの聖女の物語。2つの事件のあいだには、およそ千年の開きがあるが、じつに正確になぞられている。フランスとその王権は、こうしてふたりの聖女によって救出されるわけだ。聖ジュヌヴィエーヴと聖ジャンヌ・ダルクと。

ジャンヌ・ダルク…東フランス、ドンレミの娘。1428年、神のお告げを受けたとして、国王シャルル7世を鼓舞し、自ら軍を率いてイギリス軍によるオルレアン包囲を解いた。百年戦争では勝利したが、イギリス軍に囚われ火刑に処された

（上図）ジャンヌ・ダルク…（ジュール＝ウジェーヌ・ルヌヴー作、パンテオン・パリ）

祖父メンデルスゾーンの戦略

たいそうよく知られる作曲家。音楽の喜ばしさを最大限に表現したフェリックス・メンデルスゾーンだ。

いまここに登場するのは、その祖父モーゼス・メンデルスゾーン。じつはその血統はユダヤ人であった。モーゼスはまだ貧しい。苦学をつづけ、でもユダヤ人らしい勤勉さで、哲学を修めた。18世紀、プロイセンの国で沸きたつ哲学の諸派のなかで、モーゼスはユダヤ教徒としての思索をもって、異彩を放った。

ドイツ東部のユダヤ人は、貧しさばかりか、異教徒としての蔑《さげす》みをもうけ、まっとうな地位を認められなかった。そのなかで、若いメンデルスゾーンは、ユダヤ人の心をドイツ語で堂々と語った。しかも、ヨーロッパ・キリスト教

（上図）フェリックス・メンデルスゾーン…（メンデルスゾーンの家）

2011年4月3日

徒の哲学のことばを借りて。

　それは、大胆な戦略だった。何千年にわたるユダヤ教のことばを犠牲にして、ドイツ人との対話や同化を重んじるかにもみえたから。メンデルスゾーンの哲学は、神や理性についての難解な思考にもとづきながらも、その設問と語り口は、きわめて平易だった。常識や経験に訴える開かれた哲学である。人びとは、これを「通俗哲学」と名づけた。

　だが「通俗」は、メンデルスゾーンだけではなかった。最大の盟友である同い歳の哲人劇作家レッシングもまた。その代表作である詩劇『賢者ナータン』は、ことなる宗教信徒たちのあいだの寛容をかたるが、モデルはメンデルスゾーンだといわれる。

　他方の極には、ドイツ人の思考の純粋さと厳密さに固執する学派、たとえば最大のライバルである哲学者カントがいた。はげしい論争のさなか、メンデルスゾーンはユダヤ教を擁護しつつ、「健全な人間性の啓蒙」をかかげつづける。その感動的な姿。

　残念ながら、それから2世紀半。メンデルスゾーンの理想はかなえられてはいない。それでも和解の道は、そこにしかないのだと信じたい。


レッシング…1729～81、ドイツ啓蒙思想の代表的な人物であり、フランス古典主義からの解放を目指し、ドイツ文学のその後のあり方を決めた人物

ラヴォワジエの悲劇

こんな切ない悲劇があった。主人公は、ラヴォワジエ。貴族ではないが、かなり裕福なパリ市民。大学で法学を学ぶうち、そこで聴講した化学や工学の知識をもとに、あいついで技術上の新機軸をうちだしていった。都市内の照明法についての提案であったり、兵器製造や農業の施肥にかかわる知見だったり。

ラヴォワジエにとってよりホットなテーマは、燃焼の問題だった。この現象を化学という角度から分析しようとする。燃焼とは、物質にふくまれる「燃やす要素」（フロギストン）が仕掛ける現象だとする常識をくつがえそう。燃焼はある物質が、たんにほかの物質と化合する現象なのではないかと。あえて結論をいってしまえば、それこそがのちに「酸素」とよばれる物質だ。

ラヴォワジエは燃焼に関するさまざまな実験をおこなうことで、化学のビジョンを根底から変換していった。現在、われわれが常識としているものの基本がすえられた。

ここまではどこにも悲劇の色彩はない。もし、この発見や創案が、同時進行するフランス革命と別個に進められていたとすれば。しかし、科学すらも

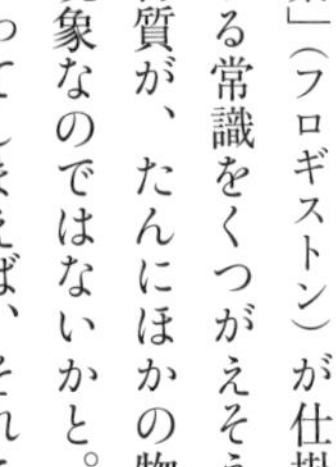

（右図）ラヴォワジエ肖像：（カルナヴァレ博物館）

2011年4月10日

社会と無縁というわけにはいかない。それどころか、当のラヴォワジエは、法学をおさめた旧体制の官僚エリートでもあった。その任務は納税請負とよばれ、フランス絶対王政にとって重要な一環である。しかも、これを担当する請負人には、膨大な収入をもたらすもの。

革命政権は、納税請負人を名うての「反革命」分子だと論難し、革命裁判にゆだねた。ラヴォワジエたちは収監されたのち、1794年5月、裁判において有罪の判決をうけ、パリの革命広場で処刑された。恩赦を提案するものもあったが、「学識は革命には役立たない」とののしられて、一蹴されたという。近代科学の建設者ラヴォワジエの悲劇は、どうにも回避できない運命だったのだろうか。難しい問題だ。

（上図）ラヴォワジエと妻マリー＝アンヌ…（ダヴィッド作、1788年、MET）

ヴァチカンの囚人ピウス

近代のローマ教皇のうちで、ピウス9世ほどに評価・好悪が極端にわかれる人物はないのではないか。19世紀の後半、つぎつぎと改革されるヨーロッパ社会のなか、あらゆる部門で保守的な、もしくは反動的な姿勢をとりつづけた。

労働者たちの社会的要求は、出すぎた暴挙だと。社会主義や近代科学は、信仰への冒瀆だと。ローマ教皇は、いかなる誤謬《ごびゅう》からも自由であり、全信徒は服従の義務があると。そして、イタリアの国民国家は教皇領土に手をつけることは、まかりならんと。

ピウス教皇が選出された1846年、すでにイタリアでは、統一への機運がたかまっていた。やがて、カヴールたちのひきいる軍隊が、イタリアのほぼ全土を解放、ヴィットリオ・エマヌエーレ2世が統一王として、即位した。教皇領土のほとんども、統一国家の支配下におさめられた。残るは、ローマだけ。ピウスはサン・ピエトロ大聖堂をかこむ狭い敷地のなかに籠城をはかる。みずから「ヴァチカンの囚人」と名乗った。

ヴァチカンの回収をめざす総攻撃もあった。けれども、さすがにカヴー

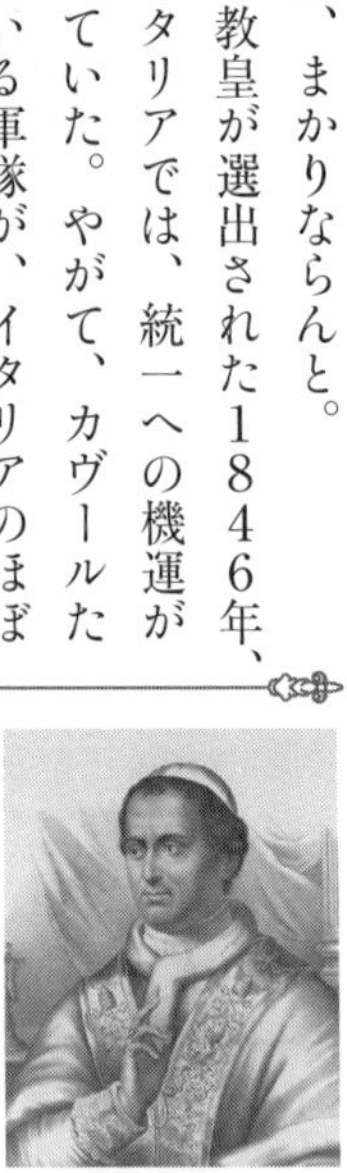

(右図)ピウス9世…(LC)

カヴール…19世紀のイタリアの政治家であり、イタリア統一を運動を主導

2011年4月17日

ル政府はこれを阻止する。カトリック諸国の反発を恐れたからである。こうして、「ヴァチカンの囚人」は国際政治のぎりぎりの線の妥協で、保護された。いまのヴァチカンはその延長上にある。

　さて、こうしてピウス9世への評価は二分される。ローマの救出者か、それとも孤立した偏屈者か。とはいえ、たしかなのは、たいへんな長寿だったこと。54歳という破格の若年で即位した教皇は、じつに32年の長きにわたり、任務をつづけた。実証されるかぎり、歴史上で最長。多難な近代をたったひとりで乗りきった。

不倶戴天《ふぐたいてん》の国王ヴィットリオ・エマヌエーレが、1878年に死去する直前、教皇は鷹揚《おうよう》にも、宣告していた破門措置を解除した。それは、教皇自身が帰天する、ほんの1カ月前のことであった。

（上図）ピウス9世とガリバルディを描いた風刺画…（NYPL）

スタンホープの印刷機

自由を旗頭としてきたはずのイギリス議会が、突然、態度をかえた。対岸のフランスで革命が過激化したから。波及を恐れて、きつい反動がおこった。そこに、たったひとりの反乱が。スタンホープ伯爵が、革命擁護の演説をぶった。

チャールズ・スタンホープ（スタナップ）とは誰か。若くしてスイス・ジュネーヴに留学し、自由主義の洗礼をうけた。ルソーの町だから。帰国したスタンホープは、親友の首相ウィリアム・ピットらとともに、議会を弁舌をもって動かし、自由の砦《とりで》にしたてた。

ところが、そこへフランス革命。スタンホープは激しい論難をうけて議会から追われかけた。だが、旗頭は言論の自由である。パンフレットと新聞で、革命の大義を臆することなく喧伝《けんでん》した。

じつは、スタンホープはもともと技術改良に没頭する発明家でもあった。顕微鏡のレンズの仕組みや、タイルやスレートの生産法などに成果をあげる。印刷技術もそのうちのひとつ。ちょっとした機械の手直しをこころみた。ふつうは木製である本体を、鋼鉄製にかえた。すこし強力になった。それでも、効率は2倍以上。かつて350年前に

（右図）チャールズ・スタンホープ…（NPG）

ウィリアム・ピット…18世紀末から19世紀はじめにかけてのイギリスの政治家、首相（在任1783～1801年、1804～06年）

2011年4月24日

ドイツのグーテンベルクによって開発されて以来、なんとはじめての画期的な改良である。時は、産業革命のまっただなか。

このような改良があいつぎ、新聞やパンフレットの印刷・出版の量と質は急速に増大していった。これこそ、言論の自由を支援する最大の武器となった。きびしいイギリス世論のなか、孤立無援のスタンホープは、みずからの印刷機の力を利用して、過激な革命擁護の論陣をはるのだった。

産業革命と市民革命のふたつに参画したスタンホープから200年。いま、21世紀になって、もうひとつの革命、つまりIT革命が盛りをむかえている。はたして、その革命には、擁護すべき言論の自由という希望の灯がともっているだろうか。

（上図）スタンホープ印刷機…スタンホープによってつくられた初めての総鉄製印刷機（印刷博物館）

相続人マリア・テレジア

1741年9月。オーストリアは、国難に襲われていた。その前年、神聖ローマ皇帝で、オーストリア大公でもあるカール6世が死去。男の継子を残さなかったため、ヨーロッパ諸国はいっせいに、女相続人の財産に襲いかかる。オーストリア大公国、ハンガリー王国、ボヘミア王国。これが、相続の中身である。

ハンガリー国会がプレスブルク城で開催された。一触即発である。ハンガリー貴族の面前に登場するのは、オーストリア大公女となったばかりの相続人マリア・テレジア、ときに24歳。固唾をのむハンガリー貴族を前に、可憐《かれん》にも力強く約束する。誠心誠意、わたしはみなさんの古来の権利と利益を擁護しますと。

じつは、この情景にはおまけがつく。演説するマリア・テレジアはそのとき、誕生したばかりの長男を腕に抱いていた。のちに、皇帝ヨーゼフとなるはずの皇子。乳呑み児をかかえた健気《けなげ》な24歳の母に、誰もがジーンときただろう。

それからというもの、母は驚くような豪腕を実証する。包囲する諸国の侵略からオーストリアを守る継承戦争。夫フランツをして、神聖ローマ皇帝に

（右図）シェーンブルン宮殿

押しあげる外交戦略。プロイセンに対抗するために選んだ仇敵《きゅうてき》フランスとの同盟。そして、啓蒙絶対主義と総称される国内行政のさまざまな改革。これらはみな、夫フランツ1世、ついで長子ヨーゼフ2世の共治皇帝妃として達成した事績《じせき》である。

　母だった。生涯に腹をいためたのは、なんと16人の子たち。うち10人が成人した。むろん、そのうちにはフランス国王ルイ16世の妃となったマリー・アントワネットもふくまれる。

　困難な18世紀のヨーロッパ外交のなかで、全力をもって国益を守護したマリア・テレジアは、「国母」とよばれた。

臣民たる諸民族にとっても、皇妃は母だった。しかも、頑強にみえるとはいえ、さほど豪気でもなく、むしろウィーン郊外のシェーンブルン宮殿で静養するのを楽しみにする母だった。

（上図）馬に乗ったハンガリーとボヘミアの女王マリア・テレジアの肖像…（MET）

キケロのギリシア魂

古代ローマの共和政末期をかざる代表的イタリア人なのに、しばしば「ギリシア人」とあだ名される。なぜか。

若くしてギリシア人学者の薫陶をうけた。ことに、ストア派の哲学者や弁論家たちの。弁論家としての初仕事は、独裁者スッラの批判。成功したものの、気まずくなってローマを脱出して、アテネへ。これが、キケロの人生の転換点となった。

ローマ人にとって、ギリシアは偉大な先輩であり、征服されたのちも尊敬ただならぬものがある。良家の子弟にとって、アテナイで修業するのは勲章のようなもの。のちに18世紀のころ、イギリス貴族がさかんにイタリアへ修学旅行にでかけた風習に比定して、「ローマ人のグランド・ツアー」とよばれる。

仲間たちと十分にギリシアを楽しんだキケロは、頭脳も心もギリシア人となる。ギリシア的な世界観に身を浸した。個人の独立した自由を最大限、保障すること。力による強制ではなく、思考とことばによる討議と説得によって、国家のことを決めること。『英雄伝』のプルタルコスは、キケロをして、マケドニア王国による専制支配を嫌悪したギリシアの弁論家デモステネスにな

ストア派→210頁

プルタルコス…帝政ローマのギリシア人著述家。著作に『対比列伝』（英雄伝）

（右図）キケロの肖像16世紀…（RIJKS）

ぞらえた。

　ローマに帰ったキケロの、のちの活躍はよく知られるとおり。権力闘争の政争にもみくちゃにされながら、その弁舌によって一世を風靡した。そこで一貫するのは、そのギリシア魂である。政治に忙殺されるとはいえ、本望はこうだった。政務から解放されたら、プラトンの衣鉢をついだ学校アカデメイアをローマに建設して、討議と瞑想《めいそう》の場にすること。

　残念ながら、この熱望は時代錯誤だった。ローマはカエサルやオクタヴィアヌスによって、マケドニア王国をしのぐ強大な専制国家に成長した。古めかしい自由の理想は、ローマ帝政のもとに埋没していった。だが、「ギリシア人」は不滅である。キケロの演説集は、その超絶の修辞もあって、近代ヨーロッパの知識人に至上の理想として崇《あが》められたのである。

（上図）仲間と議論するキケロ…（RIJKS）

リスボンの地震㊤　欧州最悪の災害

それは、1755年11月1日、午前9時30分のことだった。ヨーロッパとアフリカの最西端で、巨大な地震が発生した。なんといっても、最大の悲劇はポルトガルの首府リスボンが、被害の中心となったことだ。

ちょうど「万聖節」の祝日にあたっていた。チャペルでは、記念ミサに多数の篤実なリスボン市民がつどっていた。そこに、激震がやってくる。揺れは、断続的に数十分もつづき、天井と梁《はり》がひとの頭上に崩落した。

だが、ことはこれで終わらない。リスボンは、テージョ川の河口に位置する。その岸から突然に、海水が引きさがっていった。やがて、その水は、何十メートルの高さの津波となって、逆流してきた。都市は、たちどころに狂った波頭の餌食となり、崩壊した家屋は、たがいに衝突して破壊され、流失した。

大航海時代からの繁栄をうけついできたリスボンは、このとき25万の人口を擁する。地震と津波と火災によって、1万戸におよぶ家屋が倒壊・焼失し、3万人の市民が死においやられたとつたえる。およそ全ヨーロッパ世界にとってすらも、いままで経験した、もっ

テージョ川…イベリア半島中央部を西に向かって流れて大西洋に注いでいる河川

2011年5月15日

とも甚大な震災である。地震にかなり縁がうすいはずのヨーロッパにおける惨劇。

ポルトガルは、どのようにして激甚災害からの復活をなしとげたのか。あるいは、地震を神罰とうけとった人びとは、どうやってそのトラウマから脱出できたのか。そして、ここから教訓をうけとった人びととは。

さて、東日本大震災から、2カ月あまりたつ。18世紀のリスボンと軽率に比較してはならじと、この主題をあえて避けてきた。しかし、ようやく復興にむけて冷静な見取図をえがく余地も生まれてきたようにもみえる。

それでは、この厄災に、リスボンはどのように立ち向かったのか。次回には、それを代表するひとりの人物を、話題にしよう。

地震で壊れたカルモ教会の廃墟（現在はカルモ建築博物館）

（右図）リスボン大聖堂の廃墟…（1755年、RIJKS）

リスボンの地震㊦　麗しのポンバル様式

首府リスボンが、巨大な地震と津波におそわれたとき、ポルトガルは国王ジョゼ1世と宰相ポンバルによって、統治されていた。そのポンバルは下級貴族の出身で、長い外国勤務からもどったところ。実力は未知数だった。

災害を目前にしての第一声は、こうだったという。「死者を埋葬し、生者に食糧を」。じつに機敏に、この措置は実行された。だがすべてが、未経験の事態。王国の貴族たちは、財産の保全のために狂奔《きょうほん》し、キリスト教会は神の懲罰を強調して、ひたすら救いへの祈りをもとめた。

ポンバルの正念場である。国の機関を総動員した。崩壊した建物を除去し、中心街には豪華ではないが、規格のととのった石造りの建造物を、出現させた。それ以外は、建築が禁止されたのである。新設の街路と広場が、それらを結びつけた。中世風をのこしていた古都から、バロック風の首府へと変貌が図られた。ひとは、これを「ポンバル様式」とよんだ。いまでは、「麗しのリスボン」という。

むろん、復興には膨大なコストが必要だった。大貴族と、そして教会や修道院からの没収や徴収をもってまかな

（右図）現在の「麗しのリスボン」

2011年5月22日

った。ついには、イエズス会の国外追放すらも強行する。段階をおって、財政や行政の全体にわたる改革が敢行された。なににもまして、すべては復興の看板のゆえであった。

たしかに、納得できる背景もあった。外国勤務でポンバルが体得した国家行政は、啓蒙専制主義とよばれるもの。フランス、オーストリア、プロイセン、ロシアと、当時の主要国家がみな追求しつつある行政路線を、災害を契機に、ひとおもいにここで実践したのだった。諸政府の理解もえられた。史上はじめて、外国政府からの支援物資がリスボンに舶来した。

いま、都心の広場にはその銅像が、ほこり高く屹立《きつりつ》する。ポンバル改革は、21世紀の初頭にたいして、どんなヒントを提供してくれるだろうか。情報は、かなり豊かである。

（上図）ポンバル像

太っ腹のサンドイッチ伯爵

　リゾート客でにぎわうハワイのワイキキ海岸。この島が、かつてはサンドイッチ諸島とよばれていたことは、もう忘れられたようだ。太平洋探検を敢行したキャプテン・クックは、1778年、ハワイに到着。だが、この新発見ののち、クックは不慮の死をとげる。人びとは、偉業を記念すべくパトロンである当時の海軍卿にちなんで命名する。サンドイッチ諸島。もっとも、のちに現地住民の命名を尊重しようという当然の発案から、いまのハワイ諸島に改訂されたが。もちろん、それでよかった。

　だが、命名のいきさつが不透明なのに、ついに改訂されなかったこんな実例も。おなじ、サンドイッチ伯爵関連だというのに。

　伯爵はなにしろ、たいへんなギャンブル狂だったという。カードゲームに熱中すると、文字どおり寝食をわすれてしまう。そのあげくに発案したのが、パンとローストビーフとをいっしょくたに摂取する方式。食パンをこんがりと焼き、これにビーフを挟めば、なにも食卓まで足労するまでもない。サンドイッチの誕生だった。この命名のいきさつは、真偽とりまぜてかなりよく

（右図）キャプテン・クックの肖像…（NYPL）

2011年5月29日

知られており、ついに世界中に定着してしまった。

もちろん、サンドイッチ伯爵とは、実在の人物。クックの探検を援助しただけではなく、それなりの功績もある。海軍に巣くう腐敗と怠惰を追放するために、大鉈《おおなた》をふるうこともあった。世界を睥睨《へいげい》するイギリス海軍提督として君臨するあいだに、敵対者をたっぷりと抑圧した。賄賂の横行もとりしまった。もっとも、サンドイッチ自身も、その一味だったとの見方もできるが。

あえていえば、清濁あわせ飲む太っ腹の提督。アメリカ植民地が本国に反乱をおこしたおりなどは、提督の勤務もおざなりで、少なからぬ禍根をのこしたほどだ。でも、そんな汚名は、すっかり脇におかれ、もっぱらいまもレストランやカフェのメニューのうえに名をのこすとは、なんと幸運な海軍卿だったのだろうか。

（上図）サンドイッチ伯爵…（NPG）

分類図上のリンネ

その昔、NHKラジオに「二十の扉」という人気番組があった。回答者が20項までの質問を投げ、それによって、かくされた品の名を当てるというもの。まず与えられるヒントは、それが「動物か、植物か、鉱物か」という区分だった。

およそ自然界に存在するものは、この3種類に分類できる。18世紀のリンネの時代にだんだんと常識化したようだ。

スウェーデンは、ウプサラ大学の著名なリンネ教授は、若くして秀才の誉れもたかかった。北方圏を探査するうち、植物には、明確な種差区分があることを確かめた。雄しべ、雌しべの様式からはじまり、似たものを比較すれば、まとまりごとに並べることができる。つまり、分類ということ。

下位分類から上位分類まで整理して

（上図）ラップランドの装いのリンネ…（1807年出版の書物より）

2011年6月5日

いくと、みごとな階層図ができあがる。植物たちはまるでひとつの国のなかに集う隊列のようだ。リンネが発明したとはいえないまでも、はじめて秩序だった自然界の構造図にまとめた。

しかも、ひとつずつの植物は、世間の俗名とはべつに、分類図上の位置による正式の呼び名が与えられる。「学名」といわれるもの。

植物という「王国＝界」がある。動物と鉱物には、別の「王国＝界」がある。リンネは、この2つについても、分類と命名の方式を構想した。かなり難しかった。動物はまだしも、鉱物は生物ではないので、仲間という区分を設けにくい。でも、リンネはそれなりのやり方を提唱した。

ウプサラ大学の研究室にあって、自然界の3つの「王国」を画然と整理し、すべてに正確な名前を与える。僭越《せんえつ》にもみえる情熱があってこそ、分類と命名の学問は、自然を認識するための基本方式として成功をおさめたのだった。のちになって、無理や誤認は、いくつも訂正をうけることになったとはいえ。

いまも、このスウェーデン人の名は、自然の王国のなかに燦然《さんぜん》と輝く。

イプセンとムンク

ノルウェーという国は、ほんの100年ほど前まで、スウェーデンの一部だった。1905年、さして紛争なしに独立。首都は、クリスチャニア。まだ、オスロという呼称ではない。

国の独立。それは、国民にとっては慶事だ。どことなく停滞に沈んでいたノルウェー人にも、元気が湧いた。亡命とはいわぬまでも、外国にでて仕事をしていた人びとも、帰国の道をとった。

劇作家イプセンは、はやく1892年には帰国。画家ムンクは、1909年に。それぞれに、故国での至福のときを目ざした。ふたりは、世代の差はあるが相照らしていた。

イプセンは、若くして出国して以来、ずっと外国暮らし。じつに28年。『人形の家』という、周知のとおりの社会問題劇をもって、けわしいリアリズムを主張した。しばらくは、その路線。だが、齢《よわい》とともに、シンボリックな心理劇のほうに向かい、孤独や不条理をいつくしむ人間像を造型するようになる。帰国は、そのころ。

ムンクは、国を出ておもにドイツへ。現代人の寂寞《せきばく》を表現する「叫び」で、時代を予兆してみせた。そして、イプ

（右図）グラン・カフェのヘンリック・イプセン…（ムンク作、1902年、NYPL）

センを追って帰国。だが、そうなってみると叫びよりは、喜ばしく楽天的な色調に身をあずける。現代世界などという空恐ろしい対象は、視野からはずれていった。

芸術家たちは、自立した祖国のなかで、それぞれの安寧や内面との対話をはじめた。社会とか、時代とかの、険しい問題から解放されたようだ。ノルウェーという国は、やがて福祉国家への道を驀進《ばくしん》する。満足できる結果だった。

そうやって、イプセンもムンクも、温和な表現を求めてゆく。かれらの後継者たちもおなじように。でも、それはノルウェー人の芸術から怒りの牙を抜くことにつながったのでは……。

そんな辛口の感想は、たんに他国からのたわけ言というべきだろうか。そうだったら、ご免なさい。

イプセン肖像
（NYPL）

たばこを持つ自画像
（ムンク作，1908～09年，MET）

ヴォーバンの要塞

パリの街を圧してたつアンヴァリッド。光輝く円屋根のもとには、ナポレオンの棺が鎮座する。だが、かなり小振りではあるが、ほかの英雄たちもひかえる。フランス最高の武将とされるヴォーバン領主セバスティアン・ル・プレストルの遺骨の一部も。

ルイ14世につかえる将軍であった。用兵の妙は、言うをまたず。連戦連勝、フランス軍をヨーロッパの頂点へと育てあげた。だが、なんといっても、ヴォーバンの腕を知らしめたのは、その城砦《じょうさい》戦略である。火薬の改良によって、大砲の破壊力が格段と向上し、戦闘の帰趨《きすう》は、城の構築と攻防の巧拙にかかっていた。

ルイ14世がヴォーバンに託したのは、自軍の要塞建築と、そして敵方の要塞攻略。要塞の天才は、生涯にわたって50余の敵城を攻めおとしたという。そして、まったく新規に建設した自軍の要塞は、37とか。

星型要塞とも、稜塁《りょうるい》式城郭ともいう。それまでの方形の要塞にかわって、星型の平面図をもつ城郭が創案された。なによりも、強力になった大砲の攻撃に耐えるためだ。ほぼ五角形。5つの綾角がつきだしている。図がないと説

アンヴァリッド…フランス退役軍人のための療養所

（右図）ヴォーバン…
(Gallica)

2011年6月19日

明しにくいが、わが函館・五陵郭を思いだしていただこう。あれは、そもそもフランス式、もしくはヴォーバン式建築なのだから。

背丈の低い土塁は堅固。それに、攻め手にたいしては、十字砲火で防衛しやすい稜塁。大成功をおさめて、17世紀を風靡した。

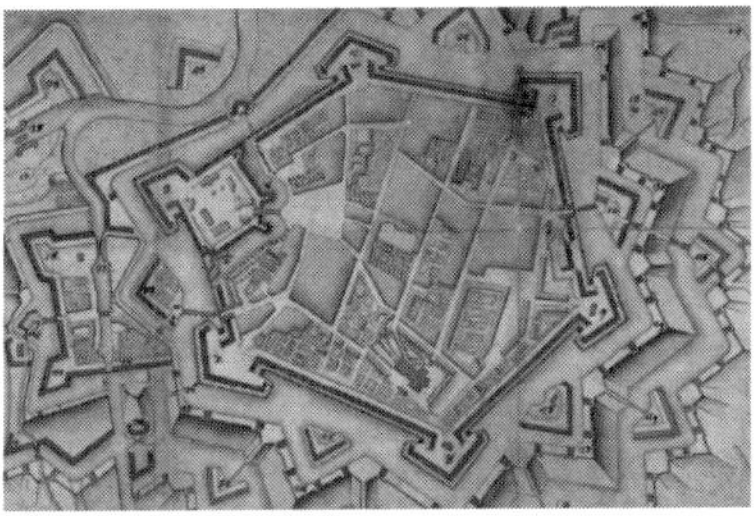
ヴォーバンの要塞建築図面
(Gallica)

ちなみに、ルイ王はヴェルサイユに城をかまえたが、こちらはただの宮殿。日本なら、さしずめ赤坂の迎賓館である。フランスの戦場の各地に出現した五稜郭こそ、戦乱の17世紀を代弁する城である。

じつは、ヴォーバンはルイ14世にいつも忠実な武将とはかぎらず、批判の筆がすべって不興を買うことすらあった。だが、およそ軍事の合理性にこだわった男は、国土にあまたの五角形城砦を刻みつけて、いまもその名は不朽である。

五陵郭…日本では、江戸時代末期に江戸幕府が蝦夷地の箱館（現在の北海道函館市）郊外に築造した稜堡式の城郭

ハンガリー民族史とバルトーク

ハンガリーは、建設からすでに千年になる古い国。マジャール族というアジア系の起源で、周辺民族とはことなる文化をもつ。たとえば、人名は、姓・名の順につづる。日本人の場合とおなじに。

長い苦難の歴史は、なんといっても20世紀。オーストリア・ハンガリー帝国のもとにあったが、第1次世界大戦で敗北。そのうえで独立。ところが、やがてナチス・ドイツの黒い影がしのびよる。屈服、そして第2次世界大戦。戦後には、社会主義政権で再出発するが、すぐにソ連の実質支配へ。この非運は、世紀末までつづく。

作曲家バルトーク・ベラ（これも姓・名の順）の20世紀は、まるでそのハンガリー民族史をたどるようだ。ブダペスト王立音楽学院で作曲をまなび、マジャール民謡の旋律にひかれる。現代音楽と民族音楽との橋わたしに情熱をかたむけた。それは、ハンガリー人ばかりか、東ヨーロッパ諸国民に勇気をあたえた。

だが、世界的な名声をあびるこのハンガリー人は、ナチズムによる圧迫を感じるようになる。すでに、大戦が始まっていた１９４０年、祖国を捨てて

2011年6月26日

アメリカへ移住する。

告別演奏会は、その趣旨を秘して10月8日に行なわれた。じつは、この歴史的事件に立ち会った日本人がいる。東欧言語学研究の留学生・徳永康元氏。のちに、目撃記録をエッセーに残しているので、ほんのすこし引用しよう。

「バルトークが久しぶりでピアノの演奏会を開くというので、このリサイタルは早くから評判となり、私たちの学生寮でもほとんど全員がききに出かけるという人気だった。」

アメリカに移ったバルトークは、いささか不如意な晩年を送って、その地に没した。遺骨が故国に帰ったのは、はるかのちの88年。ベルリンの壁が崩壊する直前のことだった。あらためての葬列は、もちろんハンガリー民族音楽に送られてのことだったという。

(上図)バルトーク・ベラ…(LC)

サラマンカのウナムーノ

近年、どの世界でも大学は、その地位や業績の確保に大童《おおわらわ》だ。なにしろ、フランスのパリ大学、イギリスのオックスフォード大学、イタリアのボローニャ大学といった中世に起源する最古・最高の大学すら、その戦列で必死に争っている。

ところが、この3つに加えて、いまひとつスペインのサラマンカ大学はどうだろう。ほぼ同時代の1218年に誕生したとびきりの老舗。風格は揺るぎない。ただし、いかにもこちらは地味そのもの。ノーベル賞の数だとか、論文の被引用数だとかで、競りあうといったこともあまりない。

けれども、イベリア半島の高原、古都に静かにたたずむサラマンカ大学の現代には、特別なプライドがある。ミゲル・デ・ウナムーノ。20世紀初め、二度にわたり学長を務めた詩人、作家そして哲学者である。

二度といったが、じつはそこには長い

（上図）サマランカ大学…12～13世紀頃にヨーロッパで設立された中世大学の1つでもある。「知識を欲する者はサラマンカで学べ（Quien quiera saber, va a aprender en Salamanca.）」と言わしめた（LC）

2011年7月3日

中断がある。スペインに独裁政権ができたとき、ウナムーノ学長は抗議して、職を辞した。しばらくして共和政がもどると復帰。

その初日、学長は講壇に立ち語りはじめた。ここまでお話してきたことの続きを申しましょう、と。これは3世紀ほど昔に、異端学説をとがめられてながらくの休職においやられたルイス・デ・レオンという神学者が、講壇復帰のさいに使ったフレーズである。サラマンカ大学の精髄といえる。

米西戦争でアメリカに敗れて衝撃を受けた知識人たち、いわゆる「九八年の世代」のなかにあって、スペイン人の思考と文化の独自性をとことん追求した。よく、キルケゴールになぞらえられるが、ウナムーノは内省するスペインのシンボルにほかならない。

フランコ将軍がクーデターを起こしたのちのスペイン内戦で、ふたたび職をおわれた。死のほんの2カ月前のことだった。サラマンカ大学は、それでもなおスペインの良心でありつづけた。

米西戦争…1898年4月にアメリカ合衆国とスペイン帝国の間で発生した戦争

九八年の世代…1898年のスペインで自国の後進性を憂いて未来を模索した知識人の集団を指す

キルケゴール…デンマークの宗教思想家、哲学者で実存主義の祖。主著『死に至る病』

（上図）ウナムーノ…（エル・リベラル紙）

ゼンメルヴァイス　院内感染説の悲劇

近代医療・医学の歴史で、最大の悲劇ととりざたされる一件がある。産褥《さんじょく》熱の病因発見をめぐる19世紀のいきさつだ。

ウィーンの医師ゼンメルヴァイスは、この疾病の原因を、院内感染にもとめた。分娩《ぶんべん》を介助する医師が、おもに死体から毒素を産婦に移してしまうことで、発症するのではと考えた。そこで、医師に塩化石灰水溶液で手を洗い清めることを奨励してみた。効果はてきめんだった。産褥熱の恐怖は、こうして除去されたのである……。

悲劇の芽など、どこにもないかにみえる。だが、この発見は当時、まったく信頼されなかった。なにせ、病原菌による感染という認識はなく、したがって塩化石灰による消毒も理解しがたい。

ゼンメルヴァイスは、ただ、臨床の

(上図) ゼンメルヴァイス…(ウェルカムコレクション)

産褥熱…お産の24時間以降～10日間のうちに2日間以上にわたり38度以上の発熱が続くこと

知見から推量して、適切にも防護法を考えたばかりのこと。それはコッホらによって感染症の病原菌があいついで発見される、ほんの20〜30年前のことだった。

ゼンメルヴァイスの発見は、不信と疑問につつまれる。見えない原因を偽計であぶりだしたにすぎないとか。あるいは、院内感染説は同僚医師へのあてこすりにちがいないとか。

おりしも、ベルリン大学で病因論の権威をきずいていたウィルヒョーによる批判が、決め手となった。ゼンメルヴァイスは、ウィーンを追われて、ハンガリーのブダペストの大学へ。ここもいられなくなり、最後は失意のうちに、精神病院の患者として世を去った。

いまでは、ウィルヒョーたちの無理解や悪意の責任が問われる。それも分かる。しかし、批判者にも、それなりの論拠があった。

ただ、賛否いずれにせよ、十分のデータや、またそれを説明するための科学的言説が、備わっていなかった。ゼンメルヴァイス復権には、その欠落をクリアする必要があった。先覚者にはたいそう気の毒な事情だが、悲劇はそう容易には避けられなかったのだ。

コッホ…ドイツの医師であり、細菌学者。炭疽菌、結核菌、コレラ菌の発見者

(右図)ウィルヒョー…ドイツ人の医師、病理学者、先史学者、生物学者、政治家。白血病の発見者(ウェルカムコレクション)

旅する皇帝ハドリアヌス

古代ローマ帝国は、500年つづいた。皇帝の数は、なんと100人にちかい。いちばん好きな皇帝は？　わたしなら、すぐに手を挙げる。ハドリアヌス帝。

2世紀の五賢帝のひとり。帝国の幸福な繁栄期の首長だ。それだけに皇帝暮らしも優雅なもの。たとえば即位5年目、西暦121年の足跡をみてみよう。

ローマから北上してガリア（フランス）を横断し、ブリタニア（イギリス）に上陸。イングランドの北辺、スコットランドとの境界におもむいて、そこに長大な土塁を建設させた。北方の部族の侵入をふせぐため。いまでも、「ハドリアヌスの壁」として知られる。

南行して、ヒスパニア（スペイン）へ。ここは誕生の地で、こだわりもある。海峡をわたってマウリタニア（モロッコ）。そしてここから海路をはるばる東へクレタ島。さらにレバノン、シリア。そして小アジアとバルカン半島をまわって、ようやくイタリアに戻った。まるで観光旅行。ほぼ最大版図に達していた帝国の、あらましの土地に足を印したことになる。

これを皮切りに、ハドリアヌスは在

（右図）ハドリアヌス帝…
（カピトリーノ美術館）

2011年7月17日

位のほとんどなかばを、帝国の旅のうえで過ごした。それぞれの地の防衛態勢をチェックし、領土の安全を図った。膨張した帝国には、できるだけ公平で共通のルールが必要だと考えた。貨幣、税制、役職制度などだ。

　だがなんといっても、極めつけは現在にのこる特徴ある建物の造営。ローマ市内にはパンテオンという不思議な神殿が。大きなドームのまんなかが中空にむけてぽっかり開いた建物は、いまもローマ名物。そして、当人の霊廟《れいびょう》がことのほか有名だ。テヴェレ川に沿った岸に、「聖天使城」としていまもそびえる大円形廟は、しばしばオペラやドラマの舞台にもなった。

　悪名高い皇帝を輩出した帝国だが、これだけの愛着を寄せられる人物は珍しい。わずか21年の在位がもったいないほど。旅する皇帝のあとを追って、ハドリアヌス・ツアーでも試みてみたらどうだろう。

（上図）パンテオン

傭兵隊長ヴァレンシュタイン

戦争にあって、参戦の条件をめぐり取引したり、敵味方を選んだりといった行為は、あまり推奨しにくい。とはいえ、もともとその行為を前提とした戦士というのがあった。傭兵《ようへい》、それもその隊長という職分である。

17世紀ドイツをなめつくした三十年戦争。キリスト教の新教プロテスタントと旧教カトリックとの宗教戦争ではあったが、ほかのいろいろの利害がからみ、戦線はいたって複雑となった。これこそ、傭兵隊長の暗躍の場。

ボヘミア生まれのヴァレンシュタインは、勇猛さで名がとおっていた。信仰上はカトリック側だったので、神聖ローマ皇帝フェルディナント2世の支援に向かった。なんと手兵3万人と整った装備をあわせ、司令官としてまるごと請け負ったのである。

そのうちに、裏切りをちらつかせて、成功報酬を要求したり、占領地に軍税

（上図）戦場でのヴァレンシュタイン…（1620年代、エングレービング）

2011年7月24日

の支払いを命ずるなどの所業にでる。ヴァレンシュタインの勝利は、皇帝を満足させたが、同盟する諸侯には際限のない不満が。

新教スウェーデン軍がドイツに参戦すると、ヴァレンシュタインは正面から立ちむかう。1632年、最大の決戦となったリュッツェンの戦い。この乱戦で、新教側はスウェーデン王グスタフ・アドルフを失った。けれども旧教軍は敗勢に。

隊長は、ひそかに敵方と有利な休戦条約の交渉にはいる。さすがに、旧教軍内部から立場を疑われ、暗殺の刃に散ることになった。ヴァレンシュタインの行動は、計算高い商売取引か、名声をもとめた野心だったのか。いかにも、傭兵隊長らしい強烈な個性とはいえ。

のちに作家シラーは戯曲『ヴァレンシュタイン』3部作を書いて、この隊長にチャレンジした。もとからの性悪な軍人としてではなく、運命をめぐる人間くさい物語の主人公として。いずれにせよ、それはヨーロッパ史上ほとんど最後の、存在感の濃い傭兵隊長であった。

(右図)ヴァレンシュタイン…(19世紀の書籍から)

ロッシーニ　オペラより美食

ロッシーニ・ルネサンスの勢いがとまらない。もとは、もう200年も前の作曲家。代表作の「セビリアの理髪師」は、24歳の1816年の作品。

おなじイタリアの作曲家たち、たとえば後進のヴェルディやプッチーニにくらべるとどことなく、あっけらかんと娯楽風。とてつもなく速筆で、おまけに同じメロディーを使いまわしたりと、いかにもイタリア人らしく、いい加減（失礼！）。侮られてきたのにも、理由があろう。

しかし、その作品群を子細に検討してみると、オペラの愉《たの》しさを深奥まで掘りつくしたともいえる。どんなに近代化して厳密さがましても、オペラにはその深刻さを中和するポピュラーな喜劇性が必要だ。ロッシーニ風の軽快さは捨て去りようがない……。

だが、復権にはいまひとつべつの理由がありそうだ。それはロッシーニの人生の送り方にかかわる。オペラ作曲はなんと37歳の「ウィリアム・テル」をもって、切りあげてしまった。あとは、管弦楽の小曲などをあつかうだけ。

それに替わって、美食趣味に没頭するようになる。のこりの人生は40年。イタリアとフランスにあって、料理の

セビリアの理髪師…フランスの劇作家ボーマルシェの書いた風刺的な戯曲、ならびに同戯曲を題材にジョアキーノ・ロッシーニの作曲した2幕のオペラ

カレーム…フランスのシェフ・パティシエ。フランス料理の発展に大きく貢献

2011年7月31日

創作と賞味に全霊をささげた。それも半端ではない。食材の探査や調理法の革新に、とことん独創性を発揮した。当然の返報として、体調もこわしたが、それでもそこそこの長寿。

　じつは、ロッシーニの時代は、フランス料理革新のときにあたっていた。

シェフの帝王とよばれたカレームが、国際外交の場に瀟洒《しょうしゃ》な食卓をもちこんだ。革命で貴族の邸宅をおわれた料理人は、街に出てレストランを開業した。ブリヤ・サヴァランのような文人が、「美味学」なる分野を開拓した。大変革期のなかにあったのだ。

　ロッシーニは、その渦中にとびこむ。オペラよりは、美食を。その選択は、たいそう幸多かったにちがいない。羨ましいかぎりだ。

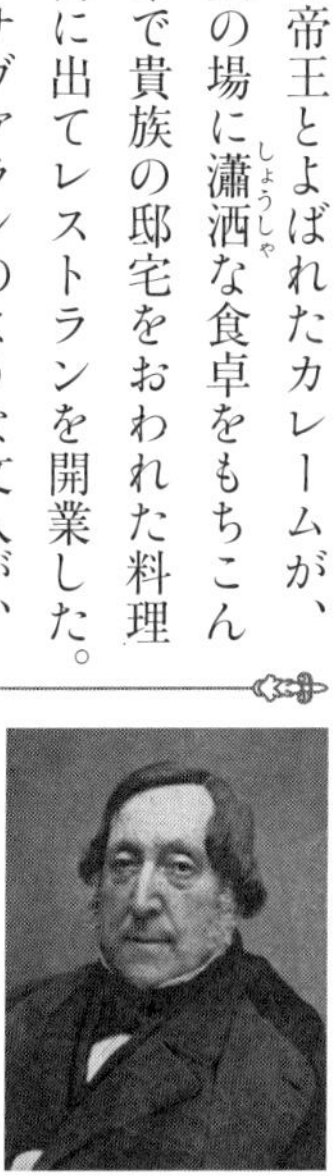

（右図）ロッシーニ…（ナダール撮影、Getty）

（上図）サヴァラン著『Physiologie du goût』（『美味礼讃』）…サヴァランはフランスの法律家、政治家。美食批評者→238頁

クセノフォンの遍歴

たとえば戦陣にあって、首長が配下によびかけ、戦士が喜ばしく従う。そんな情景表現を引用してみよう。テキストは、古代ギリシアの文筆家クセノフォンの『アナバシス』である。

「これまで奥地への進撃に気乗薄であったものでも、キュロスの言葉で彼の寛仁さを知り、これまでになく心楽しくはずんだ気持で、キュロスに従って進撃するようになった。」（松平千秋訳）

なんの変哲もないようだ。だが、このキュロスとはペルシア帝国の覇権奪取をねらう王族のひとりであり、戦士とはギリシア各地で徴募された傭兵《ようへい》だったら、どうだろうか。ときは、紀元前401年、メソポタミアの戦地でのことだ。

東方の専制帝国として、かつてギリシアに侵攻したペルシアは、反撃をうけて撃退されたものの、なおも隣人としてギリシア・ポリスの分裂につけこみ、バランス・オブ・パワーを操作している。この情勢は、わたしたちを当惑させる。なぜなら、自由なギリシア人は総出でペルシアに対抗すべきものだし、しかも兵士は各ポリス市民団として、誇りあるギリシア民主政治を支える英雄たちであったはずなのに。

メソポタミア…ティグリス・ユーフラテス両河流域の地方。ほぼ現在のイラクにあたる

ペルシア帝国…現在のイランを中心に成立していた歴史上の国家。一般的にはアケメネス朝・アルサケス朝・サーサーン朝に対する総称

2011年8月7日

みずからギリシア傭兵団の一員としてペルシアにやってきたクセノフォンは、奮戦ののち戦線を離脱。最大1万人もの兵士のリーダーとなってオリエント地方を転戦したのち、ギリシアに帰還。『アナバシス』はそのルポルタージュである。じつにリアルな叙述だ。

アテナイの市民だったクセノフォンは、運命の波に揺られてその後も各地を遍歴。ペルシア帝国、スパルタなどもろもろの軍事大国に身をゆだねる。祖国の栄誉に殉ずるなどという、ギリシア民主政のイメージとは、なんという隔たり。

クセノフォンの行動が、破格なのだろうか。ともあれ、政治家としても、文筆家としても一世を風靡《ふうび》したこのギリシア人は、ありきたりのポリス理想像をくつがえして、世人にたいそうな謎をかける。

（上図）クセノフォンの彫像を描いたリトグラフ……（NYPL）

ブルターニュのアンヌ

フランスの領土から、西北にむけてとびだす半島、ブルターニュ。その先には、大ブルターニュ（グレート・ブリテン）、つまりイギリスが構える。ともにケルト系部族の土地だった。

それが、どのようにしてフランス領となったのか。経緯は、とても複雑である。ブルターニュ公領として、ながらくの事実上の独立をたのしんだのちの15世紀、事態は切迫していた。強大になったフランス王権がブルターニュを呑みこもうとする。

輿望《よぼう》を託されたのは、女公アンヌである。だが、みずからの武力では勝ち目がない。13歳の少女は、公領とともにドイツの若年王マクシミリアンに嫁した。これで、フランス王権を遠ざけられるか。

失敗に終わった。フランス側は抗議し、強腰をもって、離婚を強要したうえで、手前方の国王シャルル8世をおしつけた。ドイツ王妃は、フランス王妃に転じた。だが、そのシャルルは、内政よりは外征に一所懸命。イタリア遠征だ。夫婦関係はいたって冷淡。重要なのは、ブルターニュ領の行く末だけだ。

ろくな継子もできないうちに、シャ

ケルト系部族…インド＝ヨーロッパ系民族の先住民、中・西ヨーロッパ一帯に居住していた

2011年8月14日

ルルは病没。アンヌは、つぎの夫をあてがわれる。またもやフランス王、ルイ12世。3度目の王妃暮らしとなった。15年間のこの夫婦暮らしもまた凡庸。

結局、つごう22年間の王妃暮らしで、14度も懐妊したが、成人した子どもはたった2人。しかもこうしてまで守護してきた父祖からのブルターニュ公領は、アンヌの死とともに、正式にフランス王領に編入される。

身をけずった奮戦は、無駄骨だったのか。けれどもアンヌとともにサバイバルをめざしたブルターニュはどうだろう。崇拝者から才媛《さいえん》とうたわれる女公にささげられた多数の宗教美術、工芸技術、そして民間伝承まで。あれから、500年がたつというのに、いまなおブルターニュは、独り立ちしたもうひとつのフランスとして健在である。

（上図）シャルル8世とアンヌ・ド・ブルターニュの結婚…（カルナヴァレ博物館）

ベロット、ヴェネチア景観画の使節役

18世紀に、同じカナレットという名の画家がふたりいて、ときどき混同される。伯父と甥《おい》の関係だ。年長のカナレットは、ヴェネチアの都市風景を、独特の景観画（ヴェドゥータ）にしあげて人気を博し、そのジャンルの代表者として一家をなした。

さて甥のほうは、ほんとうはベロットという。伯父とよく似た画風でスタートしたので、順調とはいえ、しょせんは二番煎《せん》じ。出奔してローマなどをめぐったのち、北方のドイツに足をむける。つまりは、ヴェネチア風のヴェドゥータをドイツの都市にひろめようという企て。10年ほどドレスデンを画題としたあと、さらには趣向をもとめて中・東欧の首都群へむかう。

それは、まるでヴェネチア景観画の使節役（ミッション）のような活動となった。ウィーンからは、女帝マリア・テレジアの招きがあった。ミュンヘンからはバイエルン王が、サンクト・ペテルブルクからはロシア皇帝が評判を聞きつけて、ベロットに語りかけた。

どの首都でも、その町の景観を美しい画幅に再現した。みな異なった首都なのに、どれもヴェドゥータに共通の

2011年8月21日

構えがみてとれた。これこそ、使節役の存在意義だ。

　ことに晩年をおくったワルシャワは、ベロットのお好みだった。ややうす暗い街並みは、ポーランド王家の貫録を体現して、いかにも堂々たる王都に化粧された。細部まで忠実に描写されながら、しかし独特のベロット風はさらに活きてくるという、不思議なヴェドゥータ。

　ワルシャワの王家と市民は、このイタリア人画家をいたく厚遇した。首都が20世紀になって戦禍で崩壊したとき、ポーランド人たちはベロットの景観画をモデルにして、旧状復帰に取りかかったというほどだ。いまも、まるで18世紀を思わせるようなバロック建築の威容が、ワルシャワ市を飾っているのは、そのためである。

ワルシャワ王城からの眺め
(ベロットと工房，1773年，ワルシャワ王立博物館)

ドレスデンのエルベ川にかかるアウグストゥス橋
(ベロット，1748年，RIJKS)

メーテルリンクの名誉

ベルギーという国は、いまでは特異な食品趣味で知られている。チョコレートにワッフル、そして地ビールと。それればかりではあるまいと、反論されそう。

ちょうど100年ほど前、ベルギーはおなじくちょっとした誤解によって包まれていた。まるで死と静寂にひたされた神秘の古都ばかりだと。ひとつには、ロダンバックという作家が『死の都ブルージュ』を書いて、憂愁の沈黙にあふれた古都を染めあげたから。

それだけではない。ベルギー象徴派とくくられる多数の画家が輩出し、それぞれに現実世界とはへだたった仮想の空間に、夢や幻想をおいもとめた。クノップフ、アンソール、モンタルド、スピリアールト……。ベルギーには幻想象徴主義の作品が続出した。

その空気を胸いっぱい吸いこんだのだろうか。詩人・劇作家として出発したメーテルリンクは、『ペレアスとメリザンド』（1892年）で死と霊魂を語った。象徴をあつかう芸術家にとって、実体のぬくもりよりは、シンボルの透徹性のほうが、はるかに現実的だったらしい。メーテルリンクは、ひたすらに神秘と悲劇を主題としつづけた。

（右図）ロダンバック…19世紀末のベルギーの詩人、小説家（1898年、Wiki）

2011年8月28日

ペシミズム調をいくらか脱するのは、戯曲『青い鳥』（1908年）からであった。見失った幸福の小鳥を追いもとめて森のなかをさまようチルチルとミチル。それでも幼児の姿をとって、メーテルリンクは慕いもとめる夢幻のよりどころをさぐりだす。「幸せの小鳥は、わたしたちのすぐそばにいたのね」

それは、けっして凡庸な教訓ではなく、象徴的な夢の遍在を限りなく追求する兄妹の可能性にかける言葉だった。そうでなければ、ベルギー象徴主義をささえたメーテルリンクの名誉も救われない。

もっともその名誉は、すでに現実世界では達成されてしまった。1911年、メーテルリンクはノーベル文学賞を受賞した。今年は、ちょうどそれから100年目となる。

（上図）メーテルリンク…（NYPL）

フスの遺伝子

今春、ジョセフ・クーデルカの写真集『プラハ侵攻1968』の日本版が刊行され、展覧会もひらかれた。あの「プラハの春」を制圧したワルシャワ条約機構軍の行動の激写。首都の街頭で、無言のまま、しかし怒りをこめて戦車を凝視する市民たちの決然たる表情に、鬼気が迫る。

どこかに読み解きのヒントがある。そう直感した。それは、じつに「フスの遺伝子」のなせるわざではないかと。600年も昔から受けついだ民族の遺伝子。

ボヘミアの神学者であったフスは、イギリスの先駆者ウィクリフからの暗示もあって、カトリック教会の指導理念に疑いをもった。ミサの伝統様式や免罪符による救済の否認、プラハ大学を支配するドイツ人学者への反感。行動をおこしたフスは、民衆に説教する。一大ムーブメントに発展した。

神聖ローマ皇帝とローマ教皇とが、禁圧にのりだした。「チェコ人の教会」をとなえる民衆は、その使節たちを追いかえした。フスは先頭にたって戦闘を宣言する。聖書や祈祷《きとう》文のチェコ語訳をすすめた。民衆たちのキリスト教へ。これこそ、600年前の「プラハ

ジョセフ・クーデルカ…チェコスロバキア出身の写真家。ソ連軍のプラハ侵攻、いわゆるプラハの春の写真を撮り、ロバート・キャパ・ゴールドメダルを受賞

（右図）プラハの旧市街広場に立つフス像

の春」だった。

教皇は、フスを全教会の会議に召喚する。異端かどうかを審議するとの口実で。身分の安全を保証されたはずのフスは、当局の裏切りによって逮捕され、審判の名のもとに有罪と宣告された。焚刑《ふんけい》は、1415年7月6日。

ますますの憤激がもえさかった。プラハの街頭には、信徒たちの猛烈な怒りの声。民衆の表情には、鬼気が迫ったろう。フス戦争とよばれる民族戦闘が荒れくるった。

20世紀の春の実りのほうは、1989年のベルリンの壁崩壊まで引きのばされた。いずれにしても、フスの遺伝子は、相手が帝国だろうが教会だろうが、またはモスクワだろうと、相手を恐れることなく、いつか暴発の時がいたるのを、待ちつづける。いまのプラハは、いたって安穏の風のもとにあるかにみえるとはいえ。

（上図）フスの焚刑…（15世紀の写本、チェコ国立博物館図書館）

神格化なきスピノザ

アムステルダムは運河の町である。四通八達、沿岸の建物の影を映している。大運河の畔《ほとり》、市庁舎前の広場にひとつの銅像がたつ。哲学者スピノザだ。見慣れた顔貌だが、意外にリラックスしている。

350年ほど前、この近くのユダヤ人街に住んでいた。画家レンブラントも、ほぼおなじ時期に。こちらは、老ユダヤ人をモデルとした。スピノザは、もともとユダヤ人。ポルトガルから禁圧をのがれて亡命してきた先祖の衣鉢をついだ。

哲理の追求をとおして、ついにはユダヤの正統信仰にまで背をむけることに。その道程は、ただごとではなかった。なにしろ、現代哲学者をも魅惑するような離れわざ。

人間の精神と身体とは、独立にあるわけでもないし、どちらかが上位にあって指導するわけでもない。ともに自然の一部である。そこでのみ、自然と神は一体化する。だから、神はあらゆるところに汎在する。ふつう、汎神論とよばれるかたち。スピノザ哲学はそのもっとも純粋な極致といわれる。残念ながら、これを十分に理解することは難事だが。

ライプニッツ…ドイツの哲学・数学・科学者。また政治、外交でも活躍。微積分法を創始し、哲学では単子論を説いた

ヘーゲル…ドイツの哲学者。弁証法哲学を提唱し、ドイツ観念論を体系化し完成させた

アインシュタイン…ドイツ生まれの理論物理学者。相対性理論の提唱者で光電効果の法則の発見

ドゥルーズ…フランスの哲学者であり、ポスト構造主義の思想家の一人

2011年9月11日

遺作となった『エティカ』にまで結実する汎神論は、同時代のライプニッツから、ヘーゲル、アインシュタイン、そして現代のドゥルーズにいたる、無数の追従者を魅了してきた。だが、あまりに完璧に合理化された理論。まるで修行僧のような面影もただよう。それに、ユダヤ教会からも破門され、生計のためにレンズ磨きを営んだという清貧ぶり。

　ところが、スピノザには、いまひとつの顔がある。政治を論じさせてみれば、民衆の愚昧さを険しく直視して、刑罰や保護による救済対策を講じてみたり。オランダの政局への評論をこころみたりと。じつは、常識人としての顔つきが、随所に見えかくれする。

　これぞ、市庁舎前広場の銅像につうじる悠揚《ゆうよう》さと承知したい。あまりに、スピノザ自身を神格化しないこと。これが、汎神論の極意だと了解しておきたい。

(上図) アムステルダム市庁舎前のスピノザ像

歴史の演出家ヴァザーリ

ヴァザーリが1511年に生まれて、ちょうど500年になる。いくつもの記念行事が行なわれる。

ルネサンス・イタリアの芸術家たちの伝記集『列伝』で、とりわけ名高い。300年にわたる芸術史を、ヴィヴィドな人物史としてまとめあげた。

著作だけではない。アーティストとしてのヴァザーリは、フィレンツェのヴェッキオ宮に大フレスコをのこした。メディチ家のために、アルノー川をまたぐ空中廻廊《かいろう》をつくり、その基点には広大な執務所（ウフィッツィ）をすえた。これは、いまではルネサンスを代表するその名の美術館となり、ボッティチェリの名作などで、よく知られる。

けれども、じつはどの側面にも、いくらかの疑問符が残る。『列伝』といえば、どれも真偽が疑わしいとか。絵画は、平板で光輝に欠けるとか。建築は、パトロンであったトスカナ大公コジモ1世の威光をちらつかせた、大仕掛けにすぎないとか。いずれもかなり厳しい辛口。

しかし、500年記念が近づくとともに、空気が変わってきたようにみえる。なによりも、ヴァザーリはルネサンスというドラマの出演者であるとと

（右図）ジョルジョ・ヴァザーリの肖像…（ニコラ・ド・ラルメッサン1世作、1682年、RIJKS）

2011年9月18日

もに、みずから演出者だった。観客に、ドラマの筋立てをみせつけ、すすんで陶酔と感興をよびおこしたのだから。

フィレンツェの舞台をいろどり、役者たちに衣裳《いしょう》をあてがい、自分もまた、その輪の中心で舞い踊った。そればかりではない。『列伝』があってこそ、芸術家の作品は、後世の人びとのまっとうな鑑賞が可能になったのだ。

すこし、誇張していうのだが、ルネサンスはヴァザーリの演出のおかげで、歴史の事件として記憶されることになった。事件は演出されるものなのだ。

さて、そうだとすれば、はたして、アメリカ現代文化とか21世紀アジア文化とかは、どうだろうか。それぞれの演出家を輩出することができるだろうか。それが問題だ。

ヴァザーリの壁画
（ヴェッキオ宮）

ドン・ペリニョンの科学精神

シャンパンとは、発泡性のワインを指す一般名詞なのではなくて、フランスのシャンパーニュ地方で産するものに限定されている。そのことは、このところずいぶん知られるようになった。しかも、醸造法や製品管理まで厳しい条件をクリアしたものだけをいう。

ドン・ペリニョンという修道士の発明品だといわれてきたが、もしかするとはるか以前から各地にあったかもしれない。けれども、手順をふんだ製造方式のもとで、流通にまで定着したのは、たしかにシャンパーニュの修道士のおかげだ。

いったん醸造されたワインを瓶詰めし、酵母を加えて再発酵させる。コルク栓をして、泡立ちを抑制しながら、熟成させる。その頃合いの選定の難しさ。修道士が、熟練と技巧の結果、つくりだしたシャンパン。

ドン・ペリニョンは、全能の神に仕えたのか、それともバッカス神かと、疑いたくなるが、もちろん本気だ。高度な科学精神がなければ、成功するわけがない。

1638年の生まれ。シャンパーニュのエペルネー、オーヴィレール修道院の忠勤の資産管理人。むろん、当時にあっては、まったくの無名。だが、同年生まれの国王が、成功を聞きつけて、御用達に指名した。ルイ14世である。

　ヴェルサイユ宮殿を席巻した。王はドン・ペリニョンと同年の1715年、仲良く世を去ったが、つぎの国王ルイ15世は幼児。摂政となった近親のオルレアン公フィリップ2世が、輪をかけたシャンパン狂い。パリにもどった王宮脇のパレ・ロワイヤルで、しばしば巨大なシャンパン・パーティーを催したという。いちどに何百本ものビンが空になったとか。

　こうして、シャンパーニュ産の泡立ちワインは、フランスの食卓に君臨するにいたった。わたしたち日本人も、認識をあらたにしたい。このところ、関連の本があいついで翻訳されて講釈も容易となったから。そのうえで、ドン・ペリニョン師に乾杯！

DOM PERIGNON
1638 - 1715
CELLERIER DE L'ABBAYE D'HAUTVILLERS
LE CLOITRE ET LES GRANDS VIGNOB
SONT LA PROPRIETE DE LA MAISON
MOËT & CHANDON

（左図）ドン・ペリニョン像…シャンパーニュ大通りのモエ・エ・シャンドン（Wiki）

ウェッジウッドの量産システム

産業革命は、どのようにして起こったのだろうか。まったく新しい技術を、まったく新しい身分の人間たちが開発したのだが。たとえば、水力にかわって蒸気力をつかい、古い伝統的な親方身分とはちがう、新進の資本家が登場して。

だが、それだけではあるまい。本場のイギリスでは、製陶業などという古来の分野にあって、父祖伝来の技術をもとにしても、産業革命が可能だった。近年、こうした側面への着目がきわだっている。

18世紀のジョサイア・ウェッジウッドは、陶磁器という古めかしい製造業に、新しい生産システムを導入した。仕事現場で労働の時間や規律をあきらかにしたり、労働者には精勤の要求とともに、福祉厚生の施設をも提供したりと。親方の目分量だった工場経営に、合理化をもとめた。そして、生産される商品には、流通システムと市場への対応をきびしく要求する。陶磁器にだって、近代合理性にもとづく生産・流通が必須だと看破した。

ごく当たり前の発想だろうか。くわえて、だれでも日常品として購入する陶磁器だから、まずは大量生産システ

産業革命…18世紀イギリスでおこった、道具から機械への生産技術の変化とそれにともなう産業・経済・社会の大変革

（右図）ウェッジウッド肖像…（科学史研究所）

2011年10月2日

ムを適用しよう。ただしときには、ちょっと高級品にみえる趣味のよい王朝ものを交えてみたら。つまり、商品販売のコツを学習すること。

　これらが、貫きとおした経験則だった。もののみごとに、成功をおさめる。産業革命というには、やや凡庸にすぎる技術と発想だったかにみえるが、じつはそれがイギリス産業近代化の秘密である。いまでも、ウェッジウッドは独特のデザインで人気抜群の商品だが、もとはといえば、層の厚いイギリス社会の伝統が産みおとした大革新の成果だったのだ。その社会は、いかにも侮りがたいぞ。

　それあってのことだろうか。ジョサイア・ウェッジウッドの愛娘は、のちにひとりの科学者の母となった。チャールズ・ダーウィン。進化論の革新も、じつは社会の厚い層のなかからしぼりだされた、汁の一滴だったといってもよい。

（上図）バッカナリアンの勝利の銘板…ジョサイア・ウェッジウッド・アンド・サンズ（1770年、Chazen Museum of Art）

ダイムラーとベンツ

ドイツという国は、ヨーロッパ内でもことに地方分立の傾向がつよい。いくつもの小国の連合体といった感じ。そのなかでも、バーデン・ヴュルテンベルク州は、いちばん南西寄りの山がちの邦。なだらかな丘陵がつづき、人びとの気性も穏健だが堅実。中世以来、ヴュルテンベルク公領として存在をたもち、シュトゥットガルトを首邑《しゅゆう》に、辺境暮らしを楽しんできた。

ところが、どうしたことか、この地からドイツ近代の推進力となる産業が誕生するのだ。自動車産業である。きっかけは、ふたりの技術者。19世紀末というほぼ同時期に、べつべつにである。

ひとりは、ダイムラー。ガソリンエンジンを実用化し、馬車にかわる乗用の車輛《しゃりょう》を牽引《けんいん》することに成功。ダイムラー社の設立にこぎつけた。

いまひとりは、ベンツ。ガス機関からガソリンエンジンに向かった。すこし北に位置するマンハイムで創業。むろん、どちらも生粋のヴュルテンベルク人。たしかに、発明当時は、ともにいたって不完全な機器だった。けれども、いちど走りだした自動車産業。両社ともに、急速に改良をかさね、世界にその名をとどろかせた。

両社の社業は順調にすすみ、曲折があったのち、20世紀にはいって合同。ダイムラー・ベンツ社として、その後、大発展をとげた。

21世紀のシュトゥットガルトを訪ねてみよう。田園都市の趣《おもむ》き。中央駅の上空には、ベンツ車のトレードマークであるあの星印が、堂々とそびえる。

おなじ市内には、スポーツカーのポルシェの本社もある。メルセデス・ベンツともども、世評もたかい博物館をかまえ、ヴュルテンベルクの栄誉をうたいあげる。

いまでは、アメリカや日本に生産量では後塵《こうじん》を拝しているとはいえ、自動車の祖国としての誇りは、ふたりの先覚者とともに、不滅そのものだ。

（図）メルセデス・ベンツ博物館

「20世紀のダ・ヴィンチ」マルコーニ

レオナルド・ダ・ヴィンチの再来というのは、ちょっと言いすぎかもしれない。だが、イタリア人マルコーニが、無線通信装置を創案したのは、なんと21歳の1895年のこと。翌々年には、無線通信会社をロンドンに設立。あとは、とんとん拍子。会社特許をとる。通信は英仏海峡をこえ、ついには大西洋横断にも成功。直進する電波が、なぜ水平線のかなたの大陸に到達するのか、不思議におもわれていたときに。

この超絶の技術が認められて、ノーベル物理学賞をうけるのは、35歳の年。20世紀のダ・ヴィンチはそれでも満足せず、ロンドンから祖国にもどり、イタリアの経済と政治にも、ふかい関与をもとめる。第1次世界大戦の後始末をめざすパリ講和会議には、政府の首席全権大使として出席した。

堂々たる風貌《ふうぼう》。機転のきく才知。企業をおこせば絶妙な経営の才。ノーベル賞の物理学者は、学問の進展にも、ゆたかな識見。他国との競争で落伍《らくご》しかかるイタリアの興隆にも、あつい情熱をかけようとする。

おりしも、イタリアではムッソリーニ政権の確立が進行しつつある。マル

(右図)マルコーニと機器……(NYPL)

コーニは独裁者のファシズム理想にあつい信頼をよせた。それが、イタリアの道だと悟って。早熟の天才が、1937年に63年の生涯をおえたとき、ムッソリーニはまだ戦争をはじめてはいなかったが。

　ちょうどその翌年、イタリアから、いまひとりのノーベル物理学賞受賞者がうまれた。エンリコ・フェルミである。だが、原子核の分裂過程を理論的に説明したフェルミは、先輩とはちがい、ムッソリーニの独裁をきらってアメリカに亡命。その地で、原子爆弾製造に協力することになった。

　マルコーニとフェルミ。世代のちがうふたりのノーベル賞科学者は、それぞれの才能を全開させた。そのどちらに共感を覚えるか。なんとも言いがたいところだ。

（右図）フェルミ…イタリア系アメリカ人の物理学者で、核照射と核衝撃という彼の方法による新元素の特定と核反応の発見により、1938年にノーベル物理学賞

仕事人・フェリペ2世

世界史上、最大級の版図をもつ帝国の主はといえば、疑いもなくスペインのフェリペ2世だろう。本国と植民地をあわせた領土。コロンブス航海のおかげで、アメリカ大陸の南と中央部を領有していたし、アジアはフィリピンまでも。

そもそも、フィリピンとは、フェリペの地という意味だ。ヨーロッパでは、ネーデルランドに北部と南部のイタリア。そして、隣国のポルトガルまで。

しかし、広いばかりが能ではない。各地におかれた総督たちからは、膨大な報告書がとどけられた。皇帝は、全部に目をとおした。ネーデルランドの不穏な情勢から、地球の裏側より報じられるジパング国の政権争いまで、すべてがフェリペの脳内におさめられた。

もちろん、日本では、信長が部下の裏切りにあって落命し、これをついだ秀吉がキリシタン・バテレンの動向に関心をもっていることなど……。

ちなみに秀吉は、フィリピン攻略を夢想していたようだ。これに先んじて、皇帝は軍事情報を入手し、秀吉の鼻をあかそうとする。両雄のさや当て。それがお流れとなったのは、1598年の秀吉の死のゆえだ。フェリペも、同

ジパング国…中世・近世ヨーロッパの地誌に現れていた東方の島国。現在の日本という説

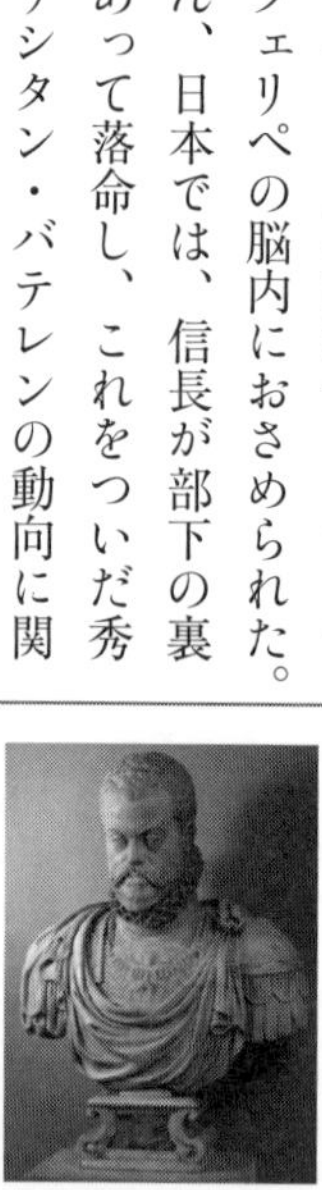

（右図）フェリペ2世の胸像…（MET）

2011年10月23日

年、天に召された。

　フェリペは敬虔《けいけん》なカトリックの君主として、北方ヨーロッパでの新旧両派の紛争に介入。国内では厳格な異端審問を支援した。君主としては、まさしく忠勤。マドリード郊外にエスコリアル宮殿をたてたのちは、ここに盤踞《ばんきょ》して、ほとんど外出せず、つねに公務と礼拝にはげむ。ワーカホリックというべき仕事人であった。

　大航海のグローバル化時代には、こんな仕事人がつきものだった。それがたまたま世界最大級の帝国の君主だっただけのこと。できることならば、この皇帝をわが豊臣秀吉に会わせてみたかった。いや、ことによると、1598年の秋、丁々発止のグローバル化論議が、ほんとうにあの世で実現していたのかもしれない。

フェリペ２世の即位
（1986年，NGA）

セルビアの英雄ドゥシャン帝

　除虫菊の野生種は、バルカン半島のクロアチアかセルビアの原産だという。この菊だけは、ことに昆虫にたいして毒性をもち、いっぽう人間には無害。なんとも好都合な植物だということで、工業製品の原料となった。殺虫剤、なかでも蚊取り線香である。

　不思議ななりゆきで、明治年間以降、セルビアの除虫菊は日本の特産品に利用されることになった。蚊とはあまり接点のないヨーロッパでは、重宝されなかった。いまでは、化学物質でも代用されるが、なおもセルビアと日本とには、友好関係がたもたれる。こうした縁は、とても大切にしたい。

　現代国際政治では、旧ユーゴスラビア諸国は、日本にとってははるかな遠国。セルビアを当事者としたコソボ領有問題は、あまり深刻な話題にならなかったが、ヨーロッパでは西も東もすぐに敏感に反応した。NATO軍による空爆は、緊張関係を増幅させた。けっして大国とはいえないのに、なぜこれほどの大事件になるのか。

　たぶん、さかのぼれば、14世紀の中世にたどりつく。バルカン半島に定着した南スラブ族のうちでも、セルビア人は存在感の濃厚な民族だった。ビザ

ビザンチン帝国…395〜1453年。東ローマ帝国の別称。首都の旧名であるビザンティウムが語源

(右図) 聖ペテロのイコンに描かれたセルビア国王ドゥシャン…(バーリ サン・ニコラ教会)

2011年10月30日

ンチン帝国のむこうをはって、ときの国王ステファン・ドゥシャンは、スコピエを首都としてセルビア帝国を樹立。皇帝となったドゥシャンは、ギリシア正教会からセルビア正教を独立させる。

周辺の国々、つまりマケドニアやアルバニア、北部ギリシアまでを併合し、バルカン半島の超大国となった。ドゥシャン法典を発布して、民族の精神をうたいあげた。つぎなる標的はコンスタンティノープル。だが、ひとおもいに征服へという間際に、英雄は熱病にたおれた。

皇帝ステファン・ドゥシャンは、ののちまで民族の神話として、セルビア人の胸にやどりつづける。そのバルカン半島の国際関係は、いま安定に向いつつあるとはいえ、まだ未決の問題は残っている。

（上図）セルビア皇帝ステファン・ドゥシャン…（マケドニア共和国レスノヴォ修道院）

ビスマルクとレンバッハ

ミュンヘンという町は、ありとあらゆる西洋美術の展示センターであった。古代ギリシアから19世紀まで。20世紀になって、そこに「青騎士」グループが、カンディンスキーを中心として、やにわに誕生。第1次世界大戦直前に勢いをみせた。その作品群は、いまレンバッハハウスに収蔵される。

そのレンバッハの館。「青騎士」をめざしてゲートをくぐると、すぐに目にはいるのは、意外にも、ビスマルクの肖像。ことの次第はこうである。

館の主はフランツ・フォン・レンバッハという。往年の画家として名声をほこり、晩年になってここミュンヘンに豪宅をかまえる。古典名画もあれば、自作もあわせてコレクションをなした。じつは、かれはビスマルクの肖像画家としても知られていた。

１８７９年に最初の宰相像をえがいて以来、多くは写真をもとに制作したとはいえ、世評は上々。ミュンヘンに落ち着いて、館はビスマルク・ギャラリーともなった。

それにしても、北端のプロイセンによって統一ドイツ帝国を建設したビスマルクが、南端のバイエルンでも大人気。オーストリアと袂《たもと》を分かって、征《せい》

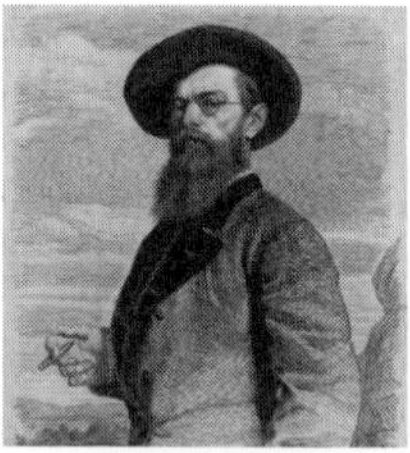

（右図）フランツ・フォン・レンバッハの肖像…（ヨハン・レオンハルト・ラーブ作、RIJKS）

2011年11月6日

圧し、カトリック勢力を敵にまわしたかにみえるビスマルクが、同宗旨のバイエルンは巧みに懐柔して、帝国内にとどめおいた。鉄血宰相らしく、きちんとアメとムチを使いわけたうえで。

のちにレンバッハ邸が誕生し、しかしビスマルクは新皇帝ヴィルヘルム2世と対峙して引退に追いこまれた。その世紀末、かれはミュンヘンにやってきて、自分の肖像画を堪能した。そこで、レンバッハ邸のバルコニーから市民たちに挨拶。激烈な歓呼に迎えられた。

ビスマルクは牢固《ろうこ》な保守主義者として、他国では評判が悪い。日本の歴史家のあいだでも。けれども退任後の南ドイツではこの歓迎ぶり。100年後のいま、レンバッハ邸をめぐりつつ、その訳を考えてみた。世評には匡《ただ》すべきところが、ありそうだ。

（上図）レンバッハハウス美術館

「西」と「東」最後の皇帝ふたり

とくに、どうといった事蹟《じせき》もないのに、かならず名前が引用される皇帝がふたりいる。両者とも、ローマ帝国の最後の幕をひいたことのために。

第一は西ローマ帝国最後の皇帝ロムルス・アウグストゥルス。ひょんなことから父にかわって、死に体となった帝国の主に指名された。紀元475年10月のこと。だが、実権はすでに東ローマ帝国か、もしくはゲルマン人の傭兵隊長のもとに。翌476年9月、その隊長オドアケルによって退位をもとめられ、父親は殺害。幸運にも、本人はまだ16歳の青年だったので、見のがしてもらった。年金を約束されて隠退。歴史の舞台から姿を消した。

それにしても、いくつかの謎がある。ロムルスという名は、紀元前8世紀のローマ建国者とおなじ。アウグストゥルスは、初代皇帝アウグストゥスに、ラテン語の指小詞がついたもの。記念すべき創始者の名をうけたものが、最後の皇帝となるとは。

さて、第二の皇帝は、コンスタンティノス。東ローマ帝国の出発点となったコンスタンティノス大帝と同名である。ただし、1100年後の11世。最後まで残存した東ローマ（ビザン

オドアケル…ゲルマン出身の西ローマの傭兵隊長。476年西ローマ帝国を滅ぼした

2011年11月13日

チン）帝国を、1449年、受けついだ。ギリシアのモレア（ペロポネソス）領の主から、帝位に。だがオスマン帝国のスルタン、メフメト2世の軍勢はすでに首都コンスタンティノープルの郊外にまで迫る。いつ降伏の旗をあげるか。

援軍を待っても甲斐なし。1453年4月、オスマン軍は、首都の強固な防衛を、いとも容易に破って乱入した。48歳の皇帝は、大軍を目前にして、単身、抜刀して切りこみ、堂々と戦死をとげたとつたえられる。

ローマ人の帝国は、終末にあたって始源にもどり、由緒ある皇帝名をよびもどす。さすがに貫禄ある帝国の死に方は、凡庸ではないと、感動することしばしだ。

（右図）コンスタンティノープルの陥落…（1453年、Gallica）

（左図）コンスタンティノス11世パレオロゴス…東ローマ帝国最後の皇帝（19世紀半ば、雑誌『ヒストリカ』第238号）

日本紙幣の恩人・キョッソーネ

日本の紙幣は、その質において、世界最高水準にあるといわれる。美しい。そして、なによりも精巧にできていて、偽造がほとんど不可能だ。

デジタルの時代だというのに、こればかりはいまだにアナログ印刷。ビュラン（彫刻刀）で、銅版画を作成する。試みに、手元の紙幣をなぞってみよう。デジタルとちがい、表面にはすこしざらざらがある。ただし、その作業現場は極秘そのものなので、細部は窺《うかが》いしれないのだが。

話は、明治にさかのぼる。はやくから紙幣に親しんできたとはいえ、維新後の新政府は、製造技術を海外にもとめた。白羽の矢は、エドアルド・キョッソーネに。紙幣の銅版画のプロだった。

お雇い外国人として高給でよばれたイタリア人は、けっして版画家の最高峰とはいえない。しかも、故郷ジェノヴァは、ルネサンスこのかた、芸術のイタリアの局外におかれてきたし、19世紀のイタリア画壇は、低調そのものだった。

野望もあっただろうに、キョッソーネは極東の一介の政府使用人として、忠実にはたらいた。じつに何百種類の

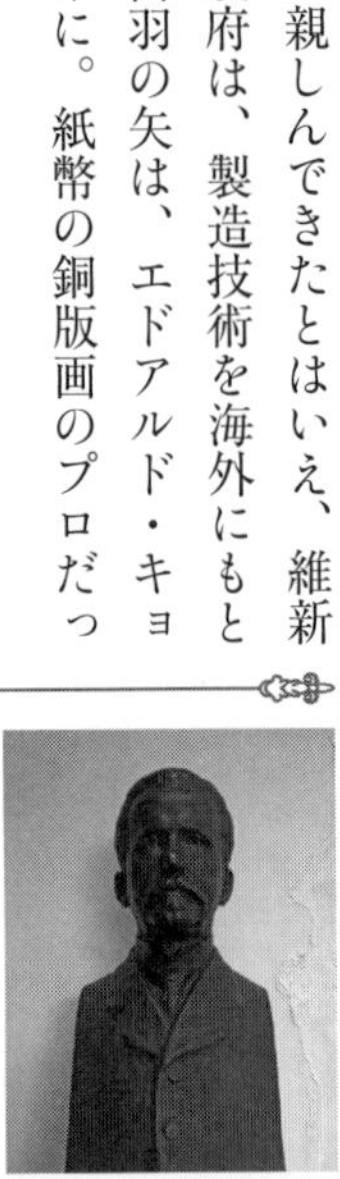

（右図）キョッソーネ像…
（キョッソーネ美術館）

2011年11月20日

銅版原画と要人の肖像画とを制作。日本の水準を一挙に高からしめた。しかも、切手、印紙、証券、国債から紙幣まで、およぶところ万般。そしていまなお、その技術は、日本の職人さんの腕に引きつがれている。

肖像画としては、明治天皇、西郷隆盛、伊藤博文から歴史的人物である神功皇后まで。ほとんどは、面識のない異国の偉人だったというのが、不思議なところだ。

キョッソーネは、1898年、東京・麹町の自宅で65歳で死去した。ついに故国に帰らなかった。お雇い外国人の巨額の報酬は、ほとんどが日本の美術品の蒐集《しゅうしゅう》にあてられた。浮世絵の数千枚、そして刀の鍔《つば》は、1500点。

こちらは、身代わりとなって、故郷ジェノヴァに送られた。いま、市立東洋美術館に収蔵されている。在外コレクションとして最大級だ。なんとお礼を申しあげたらよいのか、キョッソーネさん。

(上図)キョッソーネが原版を作成した1円札の神功皇后像…(Wiki)

オイレンブルクの江戸遠征

１８６０年、プロイセン王国は日本との外交交渉にあたっていた。アメリカやフランス・イギリスについで、開国直後の日本と修好通商条約の締結をめざす。全権大使は、オイレンブルク伯爵。同年末（グレゴリオ太陽暦では、61年初め）に妥結。日本とドイツとの外交関係は、これにはじまる。今年、１５０周年の記念祭が盛んだ。

攘夷《じょうい》派が力をます幕末日本では、条約をめぐって大争論。怪死事件やら、襲撃やら。プロイセン代表団も安穏としてはいられないはず。だが、同行するふたりの画家は、ずいぶんと自由にあたりを徘徊《はいかい》したらしい。いくつもの写生画がのこっている。そのひとりは、ヴィルヘルム・ハイネ。同姓の同時代人・作家ハインリッヒ・ハイネとは無縁である。

ハイネはドイツ・ドレスデンで生まれ、１８４８年の3月革命では跳びはねた。敗勢になって、アメリカへ亡命。画業を旨とした。そこへ、幸いにも冒険話が舞いこむ。極東派遣の米艦隊が従軍画家を募集していた。ペリー提督の黒船に乗務したハイネは、2度にわたる遠征を、石版画にしたためた。日本では、たいそう有名になる作品であ

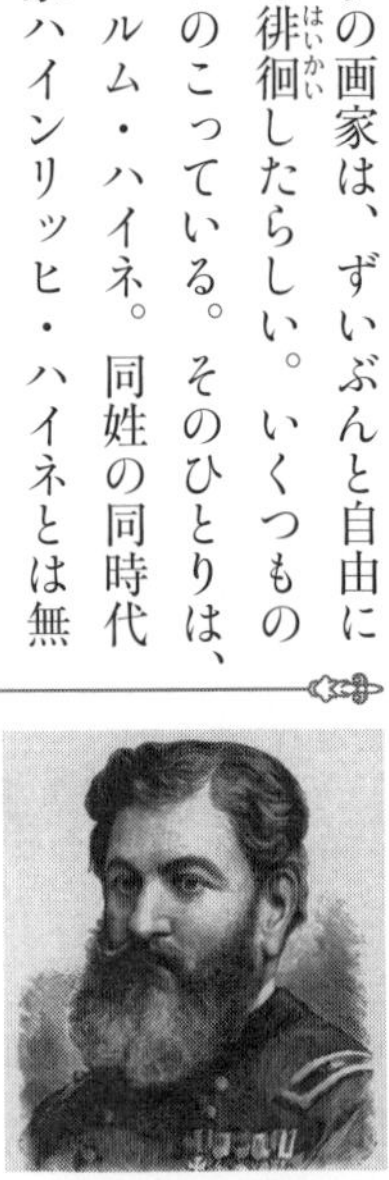

（右図）ヴィルヘルム・ハイネ…（Wiki）

2011年11月27日

る。

　時経て、こんどはプロイセン政府が日本遠征を企画。ハイネの経験を買って同行話が。日本遠征の機会がまたやってきたというわけ。オイレンブルク全権大使とともに、タイから日本への旅。３度目となる。

　前回とくらべれば、土地勘もゆたかになった日本旅行。攘夷派の脅威もものかは、同僚とともに、江戸周辺で写生にはげみ、水彩画や版画にしたてた。それらは、オイレンブルクの遠征復命書に収録されている。文字どおりの知日画家として、面目も躍如たるものだ。

　オイレンブルクは、帰国後しばらくして、ビスマルク内閣の内相をつとめる。首相の日本認識は相当のものといわれるが、あるいは内相の入れ知恵だったかもしれない。

（上図）オイレンブルク伯爵…（Wiki）

バードのアイヌ紀行

東北地方や北海道が、ほんとうに日本の奥地だった頃。その奥地発見に挑戦したひとが、何人もいた。17世紀の末に、文芸上の霊感のもととして陸奥を発見したのは、もちろん松尾芭蕉。つぎの18世紀末、秋田を中心に雪国の奥地人の生活を、民俗として描いたのは菅江真澄。

そして、さらに100年。もっと北の土地をリサーチしたひとがいる。はるか西方、イギリスからきた女性、イザベラ・バードだ。1878年(明治11年)5月に来日。東京から日光、新潟、米沢、秋田を抜けて、ついには函館から室蘭へ。

信じがたいことだが、この中年女性はたったひとりの日本人通訳をつれて、この道のりを馬上で踏破した。その足取りは『日本奥地紀行』として、多くの愛読者を獲得している。

この紀行文の溌剌《はつらつ》たる観察眼はどうだろう。なかでも、アイヌ民族の「発見」。奥地の民について、その生活や文化について活写する。最大のアイヌ集落ともいえる平取レポートが、すばらしい。

ごく一節だけ引用してみよう。イギリス人女性への「歓迎ぶりは熱心なも

(右図)蝦夷のアイヌ…(1888~89年の間、ニューヨークポピュラーサイエンス月刊誌34号)

2011年12月4日

ので、一騒ぎとなり、あちらへ走るものありこちらへ走るものあり、見知らぬ人を一生懸命に歓待しようとした。」（高梨健吉訳）。あとは、同訳書をご覧いただきたい。

大事なのはこのこと。アイヌの歓待と、イギリス女性の応接は、しごく自然な人間感情の発露だった。アイヌの隣人である同時代の和人が、あらましは相手をこっぴどく罵倒し侮蔑するのと、なんとも対照的だ。バードのアイヌ民族「発見」は、人間同士の素直な感情交換からはじまった。いまなお、輝いてみえる。

北海道からもどったバードは、南アジア、中東をとおって帰国の途へ。そして、17年後にはまた日本へ。もともと病弱だったバードはつねに、旅のうえで健康をやしない、72年の天寿をまっとうした。どうみても、ごくふつうのヴィクトリア朝イギリスの女性だったのだが。

（上図）満州民族の衣装を着たバード…（1899年、NYPL）

日本近代法の父・ボワソナード

明治20年代を舞台として、民法典論争という華やかなやりとりがあった。ちょうど、明治憲法が制定される前後、近代社会の根幹をきめる民法典をめぐってのことだ。

民法原案は、近代社会の普遍的なかたちをめざし、社会の近代化を一挙におしすすめようとする。これにたいして、日本社会の伝統価値を保全すべきとする陣営は、「民法出でて、忠孝滅ぶ」ととなえ、家族を中心とした秩序を強調する。急速な近代化をきらって反対派は勢いづき、大幅な修正を要求する。ほぼ10年の論争をへて、結局は妥協が成立し、原案から大幅に後退した明治民法が制定された。

原案の基軸を作成したのは、明治政府が招聘したお雇い外国人、ボワソナードと、その日本人弟子たち。かれらは、おもにフランス民法の理念を忠実に踏襲し、個人の平等と自然法にもとづく人権思想で武装されていた。反対派は、おもに古来の家族倫理に固執するひとびと。

論争は、一見すると後者の圧勝にみえる。とはいえ、じつは明治民法のあらましは、前者の近代法学理論によって組み立てられていた。見方はわかれ

2011年12月11日

るが、わたしはそう信じる。そのうえで、太平洋戦争ののちに、本来の近代民法が純粋のかたちで施行されるようになるだろう。

さて、そのボワソナード。秀才をもってきこえた法学者は、グルノーブル大学からパリ大学の教授へ栄進。そこへ、はるかな日本からの勧誘。とまどったボワソナードだったが、結局、48

歳の1873年、明治維新後の日本におもむき、政府省庁の顧問となった。まず刑法の起草、ついでは民法典論争。こうして要務に忙殺されるなか、じつに22年もの滞在を余儀なくされた。

しかし、その身辺からは、梅謙次郎、富井政章など、日本の法学界を代表する学者がそだち、後進の日本国家はアジアを代表する近代社会を視野におさめた。お雇い外国人として、まちがいなく最高水準の法学者であった。

(上図)ボワソナード…(法政大学、Wiki)

モラエスの慎み深い余生

日本列島を最初に訪れたヨーロッパ人は、ポルトガル人。キリシタン時代は、ポルトガル人によって演じられた。だが、到来するヨーロッパ文化の先陣は、やがてスペイン人へ、そしてオランダ人へ。

ポルトガルは、どこへいったのか。マカオという小拠点をのぞいて、東アジアから姿をけした。つぎにやってくるのは、3世紀のち。しかも、おっとりと。

明治32年、ようやく外交関係がなりたって、領事館を設置。在神戸領事館の副領事となった男が、今回の主役である。のちに総領事となり、1913年までつとめた。わが、ヴェンセスラウ・デ・モラエスである。

リスボン生まれ。海軍にはいって世界を周航した。モザンビーク、ティモール、マカオ、そして神戸へと。そこで芸者おヨネと昵懇《じっこん》になる。これが、モラエスの一生をきめた。おヨネの没

東遊園地にあるヴェンセスラウ・デ・モラエスの銅像…（神戸、Wiki）

2011年12月18日

後はその実家である徳島に移住し、その市民として75年の生涯をおえた。いかにも、海洋民らしい雄飛というべきか。

ところが、いまやこのポルトガル人はどこか孤愁にみちた姿で、おずおずとやってくる。愛妾《あいしょう》をあつかうにも慎みぶかく、神戸から徳島へと隠棲《いんせい》のような道をたどる。

徳島から祖国へ、いくつもの日本報告を書きおくった。どれも、大見得《おおみえ》をきった論評ではなく、身辺をとおりすぎる日本らしい日常の情景を、しめやかに記したもの。やがては、日本の知友も世を去ったが、モラエスは帰国するでなく、孤独な老人としてすごす。まるで、リスボンの港に流れる憂愁にみちたファドの楽曲の調べのような。

モラエスに光があたるのは、没後に著作が邦訳されてから。いまでは、とびきりの知名度だ。それでも、似た足跡のラフカディオ・ハーン（小泉八雲）のような、華やかな個性とはちがい、恥ずかしげに徳島の街を歩む、身のたけのヨーロッパ人としてのことだ。味わいぶかい、ポルトガル人ではないだろうか。

ファド…ポルトガルの首都リスボンの下町から生まれた民謡や舞踊

ラフカディオ・ハーン…日本に帰化したアイルランド系・ギリシア生まれの新聞記者（探訪記者）、紀行文作家、随筆家、小説家、日本研究家、英文学者

シドッチと白石の真剣勝負

イタリアはシチリア、パレルモの生まれのシドッチは、単身で日本列島に侵入しようと試みた。すでにキリスト教禁圧が完了して、厳しい体制がしかれているというのに。

イエズス会修道士となって、布教を敢行しようとする。フィリピンまで来て、チャンスをねらう。待つこと4年。ついに、スペイン船に潜伏して屋久島に上陸。1708年のこと。シドッチは40歳の働きざかりとなっていた。

怪しまれないようにと、和服を着用し、大小の刀をたずさえていた。けれども、満足に日本語を話せるわけではなく、変装したとしても、すぐに紅毛人と判明してしまう。

捕縛され、代官所に連行され、たちどころに幕府の管理下におかれる。江戸・茗荷谷の切支丹屋敷に幽閉されて、糾問の場に引きだされた。審問官の役を買ってでたのは、なんと儒官、新井白石。緊張感のみなぎる査問が始まる。

シドッチはといえば、キリスト教の教義では、徳川家の政治支配を覆そうなどと考えないと言いつのり、布教の自由を要請した。白石のほうは、無原罪の宿りなどという荒唐無稽な教義を駁《ばく》す。それでもなお、西洋文明の基礎

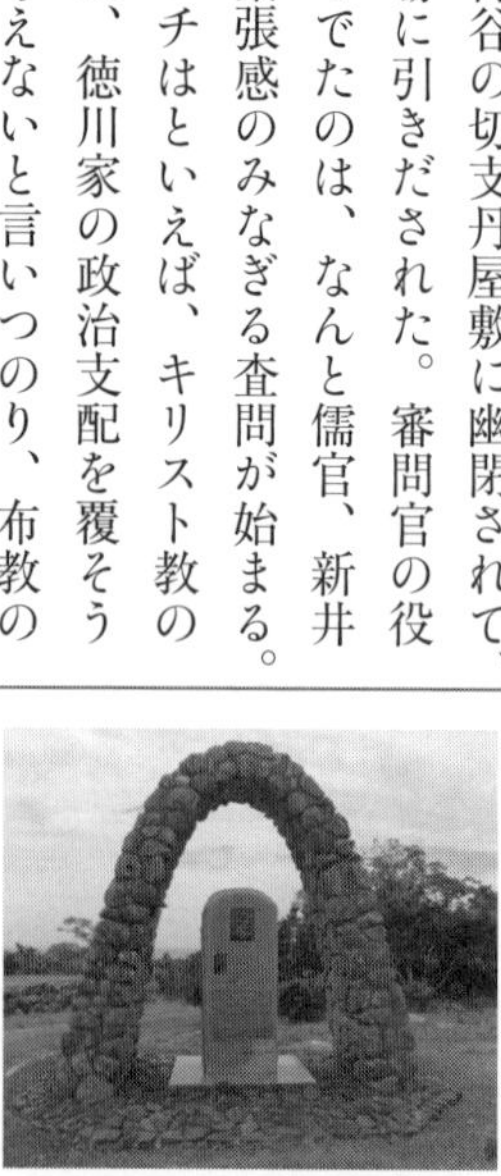

（右図）屋久島のシドッチの碑…（Wiki）

2011年12月25日

となる信仰体系の精髄を理解したいと努める。あえていえば18世紀初頭、東西の知性が、直に真剣な対論に臨んだことになる。

鎖国のなかに射しこんだ一条の光をたよりに、白石が観察した西洋の姿。『西洋紀聞』として書きとめられ、ののちまでひそかに読みつがれていった。かたや、シドッチはといえば、牢《ろう》内であわれ衰弱死する。

ところで、「欧人異聞」と題した当シリーズはお勧めにより、新年から2年目に入らせていただく。いまになって告白するのだが、このタイトルはじつは「西洋紀聞」という四字熟語のもじりである。新井白石には及びもつかないが、異国の発想と行動の相をさぐろうという試みとして。来たる年も、どうかよろしく。

西洋紀聞…新井白石による西洋の研究書。キリスト教布教のために来日したイタリア人宣教師ジョヴァンニ・シドッチを審問し、内容をまとめたもの

（上図）新井白石『西洋紀聞』表紙…（正徳5年、国立公文書館）

芝居がかったクレオパトラ

ギリシア系の血統をひくエジプト女王クレオパトラが、まだ21歳だった、紀元前48年のこと。王位をめぐる争乱に決着をつけようと、今をときめくローマの武将カエサル（シーザー）が、アレクサンドリアにやってきた。

その厳戒下、クレオパトラは招きをうけてカエサルのもとにひそかに赴く。小舟をかって夜闇にまぎれ、居室をめざす。人目をしのび、旅行用のベッドに革ひもでくくりつけられ、カエサルの待つ居室へはこばれた。

必死の冒険行をみて、52歳という初老のカエサルはクレオパトラにぞっこんほれこむ。女王の地位を確立させ、あまつさえ若い女王を身ごもらせる。その子は、父の名をつけてカエサリオンとよばれる。

カエサルに向きあった若い21歳は、まだ小娘であって物事を弁《わきま》えていなかった。のぼせあがったクレオパトラは、息子とともにローマへ。カエサリオンが後継者に指名されるものと期待したのか。1年半にわたって逼塞《ひっそく》したものの事態は好転せず。ついには、そのカエサルは暗殺される。傷心のエジプト女王は、こっそりと帰国するばかりだ。まだまだ未熟なクレオパトラだった。

（上図）クレオパトラ7世像…（紀元前40年頃、ベルリン美術館）

2012年1月8日

だが、この厳しい経験から、権力者を扱う術を学びとった。美貌にめぐまれ、諸国語をあやつり、話術と手練手管をこころえた、成熟した女王に育っていった。やがてカエサルの遺産をめぐって、その養子オクタヴィアヌスとのマッチレースにのぞむアントニウスに入れあげたクレオパトラ。しまいには、政治勢力の読みちがいから、39歳の美肌を毒蛇にかませるにいたるが、その悲劇もまた、人並みではなかった。
さて、このよく知られたクレオパトラ伝。核心部分はほぼすべて、3世代ものちのプルタルコス（プルターク）によるもの。ずいぶんと不自然な逸話までとりこんだ傑作だけど、はたしてまるごと信じることができますか。さあ、どうかな。

（上図）クレオパトルとカエサリオン…（アトール神殿、MET）

プルタルコス↓36頁

エカチェリーナ2世の異国人歓待

ツァールスコエ・セロは首府ペテルブルクから26キロの地。ロシア宮廷の夏の避暑地である。宮殿は大理石の5階建て。3階が、皇帝の座所。その大広間には、侍女が50～60人、花で着飾ってはべる。そのかなたには、執政ほかじつに400人もの高官がいならぶ。

1791年6月28日のこと。ふたりの異国人が、広間に入場する。客人は宮廷儀礼の慣習にしたがって、左脚を折りまげ、右の膝をたて、両手を重ねて前に差しだす。皇帝のほうは、右手を相手の掌にあてて、3度にわたり撫《な》でる。

異人は、不自由ながらもロシア語で、漂流民の身の上をかたり懇願する。帰国の希望を上奏したのに、音沙汰もないまま、すでに10年もの滞在をしいられていると。「それは、お気の毒に」。返答は意外にも、温かく情愛にみちていた。

皇帝の懇話は、さらに進む。そなたの国の事情を話してくださいとの求めに、率直に応える異人。いったん退出したのち、ふたたびの御召《おめ》しがあった。9月になるまで、いくども。ときには宮殿からの帰路に、王の輿《こし》が用意され、

大黒屋光太夫…ロシアに漂着し、帰国した最初の日本人

桂川甫周…1751生～1809没、医師及び蘭学者

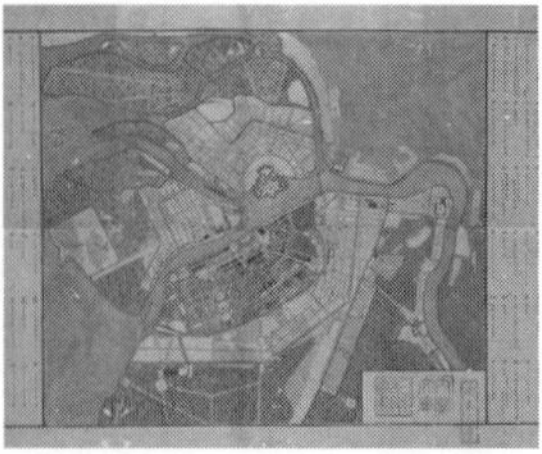

(右図)『北槎聞略』魯都図…(国立公文書館)

周囲を驚愕《きょうがく》させるほどの歓待だった。異人たちは晴れて帰国を許されて、ロシアをあとにする。

ネタは有名だ。皇帝とは、女帝エカチェリーナ2世。異人は日本人、大黒屋光太夫と磯吉。そして状況の記録は、光太夫の口述をもととした桂川甫周の『北槎聞略』である。鎖国時代の天明2年、ロシアに漂着した光太夫が、皇帝から拝謁をたまわるという奇跡。

じつは、エカチェリーナ2世の政治は、急展開のさなかにあった。啓蒙専制政治という。さまざまな改革が打ちだされた。議会の召集から、ギルドや商業の自由、法典の編纂《へんさん》や都市の整備。

立ちおくれたロシアは、一気に西欧なみの水準をめざす。離宮での接待のフランクさも、その一環。むろん、それの評価は大きくわかれる。だが、ひとときの解放感ばかりは、否定できないように思える。光太夫の拝謁は、疑いなくその証言である。

（上図）玉座の女帝エカチェリーナ2世…（フョードル・ロコトフ作、1780年頃、エルミタージュ美術館）

亭主運の悪いファアナとカタリーナ

15世紀末、スペインが統一王国をもつようになって、初代の王は共治のフェルナンドとイサベル。あわせて「カトリック両王」と尊崇される。だが、その子どもたち5人となると、訳がちがう。夭折《ようせつ》した男子や、隣国ポルトガルにあいついで嫁した女子は、ともかくとして。

残るふたりが、問題だ。次女のファアナは、ハプスブルク本家のフィリップ（フェリペ）を、いわば婿養子として迎える。これが、難物だった。うぶな娘を派手な浮気癖で翻弄する。1504年に母イサベルが没し、ファアナははれてスペイン女王に即位。

だが、夫との軋轢《あつれき》と嫉妬から精神を病むにいたり、不穏な行動にはしる。次第に周囲から疎んじられ、しまいには、監禁状態におかれる。50年にちかい長大な期間。

いまひとり、6歳年下の妹カタリーナ（キャサリン）。賢明にして忠良な妃として、イングランド王家におくられた。ところが、その夫ヘンリーたるや、規格外の男だった。8世として君臨する男は、男子を産まない妻に、屁理屈《へりくつ》をつけて離縁を申しわたした。だが、カトリック教会が認めない。すると、教会を追放。イギリス国教会の独立を宣言したのだ。

　ヘンリーは、カタリーナを放逐したのち、好みの女性をつぎつぎと妃にむかえ、意にそわないと口実をつけて処刑してしまう。なんという横暴さ。

　だが、こうした悲運にもかかわらず、スペインのファナは男児をもうけ、その子はのちに神聖ローマ皇帝カール5世となって、全ヨーロッパ世界を牛耳った。イギリスのカタリーナは、離婚前に一子をもうけ、この子は女王メアリー1世として、いまにいたる「女王の歴史」を創始した。両国の絶対王政への道は、この姉妹とともに確立される。

　どちらも、大国の歴史にはっきりと足跡をのこしたことはたしかだ。だからといって、したたかな亭主運の悪さが、これで慰撫《いぶ》されるものだろうか。

ファナ
（ファン・デ・フランデス作，1500年頃，ウィーン美術史美術館）

カタリーナ
（ファン・デ・フランデス作，1496年頃，ティッセン＝ボルネミッサ美術館）

エリーザベト、落第妃から美神へ

大帝国の皇妃が、どたキャンの名手で、外国の貴賓をまねいての晩餐《ばんさん》には、しばしば皇帝がひとりぽつりとホスト役で座っているとか。または、途中で退席したり、仏頂面をさげていたりと。そのくせ、興がのると、宮廷儀礼を口をきわめて罵り、ついには帝国というシステム制度を公然と否定したり。そして、気ままにふらりと外国旅行に出かけ、遊びほうけて国を省みない。

オーストリア・ハンガリー帝国、フランツ・ヨーゼフ1世の皇妃エリーザベトの気ままぶり。西隣のバイエルン王国の王族から輿《こし》入れし、いちおうは3人の子をなしたものの、妻としても母としても、いや妃としても責任をほうったまま。しかも、とびきりの美人とくるのだから、始末が悪い。ウィーン雀《すずめ》たちは、良くて見ぬふり、悪ければ侮り。スイス旅行のさなか、イタリア人アナーキストの凶刃にたおれたときも、さして悲嘆をしめされなかったのも、当然の報いか。

この落第妃に、なぜかあるときから、突然、脚光があたりはじめた。角度をかえてみれば、時代をはるかに飛びこえた未来の女。171センチの長身、

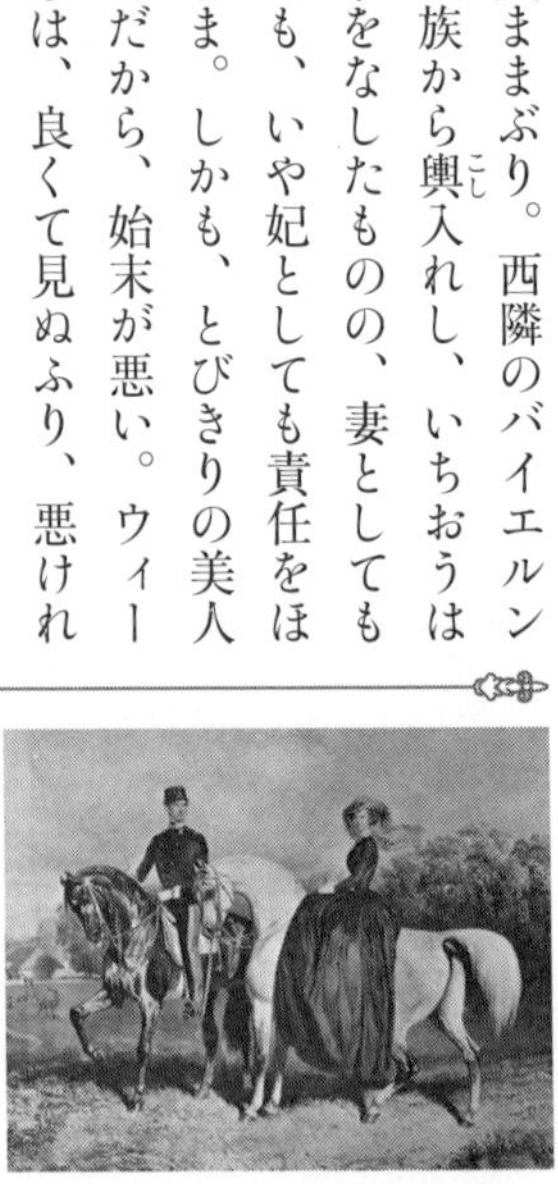

（右図）フランツ・ヨーゼフ1世とエリーザベト……（NYPL）

2012年1月29日

50キロの体重と50センチのウェストを維持するために、血のにじむようなエクササイズにはげみ、節食の日々をおくる。床にとどく長髪を梳《す》くのに、朝から夕まで時間をかけた。買物と旅行には、超一流の趣味をほこる。

夫の皇帝の対極にあって、みずからの嗜好をつらぬき、自由奔放に自己実現にむかうエリーザベト。いつの頃から、「シシィ」なる愛称でよばれる人気の皇妃となった。映画やミュージカルのヒロインにしたてあげられ、日本では宝塚歌劇となってヒットした。

完全に潮目がかわった。没後100年たって、いまやウィーンの守り女神に変身したのである。なんという逆転だろうか。時代が求めた美神の出現は、じつに劇的だ。

(左図)エリーザベト、ハンガリー女王としての戴冠式の日の写真…(1867年、NYPL)

究極の義賊ロブ・ロイ

義賊という味わいぶかい言葉がある。富者から金品をうばい、貧者に分けあたえる盗賊。ほんとうに、そんな正義の味方がいるのか。ロビン・フッドならどうだろう。森を拠点にするアウトロー。領主の館を襲撃して、戦果を農民に分与する。でも、13世紀頃という古い時代のこと。いささか信頼性に欠ける。

ロビン・フッドはイングランド人だが、その北隣スコットランドには、もっと新しい義賊が。ロブ・ロイ。本名は、ロバート・マグリーガーという。確実な18世紀の史実がわかっている。

マグリーガー氏族の強者《つわもの》として、もっぱら腕ずくの強奪で名をあげた。富裕な領王の家畜の群れを襲撃したり、または襲撃を脅しとして免除金を収奪したり。なんだ、ただの強請《ゆすり》じゃない

（上図）ロブ・ロイ肖像…（W.H. Worthington 作、1820年代）

2012年2月5日

か。だが、それはスコットランドの古来の風習だった。

領主からの収奪品をもとでに、さらに抵抗をそそのかすロブ・ロイの智略《ちりゃく》。そこへ、国家政治までがチャンスを提供した。ときは、名誉革命のあとの混乱期。追放されたスコットランド由来のスチュアート王朝、ジェームズ2世を復権させようという陣営が、助け舟をだした。

ロブ・ロイは義賊への道をまっしぐら。実際には、あまり政治と関係なく、不利な戦いをしいられて敗北、投獄されるというみじめな戦歴であったが。

だが、後世の作家たちの筆があとおしした。人気作家ウォルター・スコットが『ロブ・ロイ』で、ロマンティックな義賊像を創造した。弱者への同情。さらに、イングランドにたいするスコットランドの反発。

そして最後には、20世紀のアメリカ人がロブ・ロイという名のカクテルを開発してとどめをさす。ふつうはマンハッタンとして知られるウイスキー・ベースをスコッチに限定し、甘口のベルモットをくわえる。こうしてついに、ロブ・ロイは極めつきの義賊に成長した。これだけのプロセスが必要だったのだ。

ステンカ・ラージン
暴虐も本性

このごろはいくらか下火だが、かつてロシア民謡がわたしたちを捉えたのは、なぜだろう。素朴で憂愁にみちているが、志はたかい。そんなロシア人像を想定してのこと。それに、いっときはソ連の社会主義体制への憧れがあったかも。

なんといっても、「ステンカ・ラージン」だ。ロシア帝国の圧政をくつがえそうとし、自由な農民の理想をかたった英雄ラージン。歌声喫茶の定番だったのも壊かしい思い出だ。

むろん、実在の人物である。南ロシアのドン・ヴォルガ両河の沿岸地帯を中心に、開拓と防衛とを任務とするカザーク（コサック）の首領であった。17世紀、強まる圧力を背景に、カザークたちは、ラージンのもとで反抗の略奪行にはしる。ヴォルガ沿岸からカスピ海方面へ。帝国の禁圧をうけて、かえって過激に。一気に帝国中央部へと転進し、首都モスクワをも視野におさめるようになる。南ロシアは一斉に反乱状態となった。

ここにいたって、帝国は鎮圧にむかう。ついに敗勢にいたるラージン。捕らえられて、首都で極刑に処せられた。

カザーク…15世紀後半からロシアの南部～南東部辺境地帯に集まった逃亡農民や都市貧民をこう呼んだのが始まりで、騎馬に長じた戦争集団

社会主義体制…1917年のロシア革命から1991年のソヴィエト連邦の崩壊まで、ソ連で実施された社会主義の政策・体制・統治方法・指導思想などの総称

2012年2月12日

帝政史上でも最大の反乱のひとつだった。

なぜ、ラージンの乱が、盛りあがったのか。いろいろの理由があろう。カザークたちへの抑圧か、ラージンの指導力か。たしかに、配下にしめした反乱の大義は、カザークに訴えるものがある。すべての民はみな平等だと。帝政の圧政をくつがえし、自由の王国をつくるのだと。

ところが、あの民謡「ステンカ・ラージン」では、遠征先で首領ラージンは、ペルシアの美しい姫君を、いとも容易に手ごめにしてしまう。どうしてそんな！

だが、その暴虐こそが、ここではカザークのエネルギーの源であった。自由の理想も、そこから展開してゆく。歌声喫茶は、いくらか思いちがいをしていたようだ。かつてのロシア民衆は、ラージンとともに、素朴な憂いにみちているが、粗野な暴発もまた、その本性だったろうから。

（上図）ステンカ・ラージン肖像…（Wiki）

重税への反逆児マンドラン

フランス絶対王政の末期、大革命の直前に、王国を混乱にまきこんだ義賊がいた。塩税やたばこ税など、間接税にまつわる徴税請負人を襲い、脱税をしかける悪漢だった。マンドランという名。超能力のもちぬしにして、神出鬼没。請負人を挑発して、税制自体を攪乱《かくらん》させてしまう。その正体は……。

すでに同時代から著名だったこともあり、歴史家の関心をひきつづけてきた。わが国でも先年、千葉治男氏の『義賊マンドラン』によって、すっかりお馴染《なじ》みになった。ルイ王朝が導入した徴税請負人という制度。これに憎しみをもつマンドランが、みずから密輸人となって相手を挑発する姿は、不謹慎ながら痛快というほかない。むろん、最後には1755年、国王警察によって逮捕され、処刑の運命がまっていたのだが。

なによりも、塩やたばこなど、ふつうの消費物資にかけられる間接税。特権をもつ私人が、これを横暴にも簒奪《さんだつ》するという不公平に、マンドランは我慢がならなかったのだ。それは正義というよりは、反逆とでもいうべきだと、千葉氏の意見。そうだろう。

だが、それにもまして、この反逆を

義賊にまでもりあげたメカニズムは、どうなのか。そもそも税金への不満は、いつの時代にもあったとはいえ、ポイントはこれが間接税だということ。

王権は、直接税よりもさまざまな消費物資への間接課説に重点をおき、それを支える徴税請負の制度を推進した。直接税では、あまりに露骨な強制がめだつので、間接税でと考えたのか。この路線転換が裏目にでる。徴税請負人の目にあまる増長と致富、そしてこれへの恨み。かくして、義賊マンドランの登場がうながされた。

これは、わたしの仮説である。もっとも、過度の間接税への依存に警戒を促したといっても、いまどきの消費増税の政策に、なにか含むところがあるわけではない。念のため。

(上図) マンドラン肖像…(18世紀、Gallica)

たばこの恩人ジャン・ニコ

パリのセーヌ左岸、エッフェル塔に近く、セーヌに直角にぶつかる一本の街路。ジャン・ニコ通りという。どこといって特徴はないが、都心だけあって、しゃれた店がちらほらと。

その昔、ここにはたばこ工場があったということだ。はじめは私企業として。のちに国営の専売制となった。ついで都市化のために、工場は郊外に移転。それにともない、ここにはたばこミュージアムが設けられた。残念ながら、いまはそれもなくなった。だが、通り名だけは、ずっとジャン・ニコ。

忘れてはいけないからか。この名前は、たばこの恩人のものだ。16世紀にフランスの外交官として、ポルトガル・リスボンに駐在していたジャン・ニコは、その地で愛用される新大陸原産の植物に興味をいだき、帰国に際して故国へもちかえった。たばこの種子である。それは、1550年ごろのこと。

たばこといっても、16世紀には、紙巻きたばこは存在しなかった。おもには、嗅ぎたばこである。くわえて、イギリスではパイプたばこも広まったらしい。

はじめ忌避されたたばこは、やがて嗜好品としての人気を獲得。貴族たち

（右図）ジャン・ニコ通りのたばこ工場…（ウジェーヌ・アジェ撮影、1905年、カルナヴァレ博物館）

2012年2月26日

の邸宅で人気を博した。人びとの集いに賑《にぎ》わいを、私室には安穏を提供した。そして、それぞれの政府には、専売制度をとおして、強力な財政上の支援をあたえた。速やかにたばこは大航海の旅によって、アジアにも運ばれ、日本列島にも16世紀末にやってくる。

だが、それよりも大事なことがある。のちにたばこの葉の化学分析に成功し、成分が特定されたとき、ニコチンの名があたえられた。習慣性のある刺激物質は人類にとって、親しみのある同伴物として遇されるようになったのである。

なぜニコチンか。ｎｉｃｏｔｉｎｅという綴《つづ》りが、恩人ニコ（Nicot）に由来するというわけだ。いまとなって、この物質が嫌われはじめたことを知り、恩人はニコニコしてばかりはいられまい。

（上図）カトリーヌ・ド・メディシス王妃とロレーヌ家の大修道院にタバコの木を差し出すジャン・ニコ…（１８６８年、LC）

ロイドのコーヒー店

ホテルのレストランで、朝食の時間。ウェイターさんが、注文をとりにくるだろう。「コーヒーにしますか、それとも紅茶?」。どうぞ、お好みのままに。

趣味の問題だ。だが、このふたつの飲み物には、対照的な歴史がある。アジアのお茶に先駆けて、コーヒーが中東からヨーロッパに紹介されたのは、16世紀というが、つぎの世紀になってブレークする。イギリスでは、まずオックスフォードで、1650年、コーヒーハウスが登場し、ついでロンドン。こうして17世紀のうちに、数千におよぶコーヒーハウスの登場である。

ロンドンのテムズ川畔、タワー街にエドワード・ロイドが開店したのは、1688年頃のことだった。近在の住人たちが、しばしばコーヒーを飲みにやってきた。座りこんで、おしゃべりに興じた。ビジネスの話題でもりあがったという。有用な情報もあった。なかでも海外との取引は、ニュースが頼りだ。輸入原価の動向、海上での事故や事件。どれも、すぐに商売にひびく。

ロイドの店だけの専有ではなかったが、いったん成功すると、客層はおおいに拡大。やがて、盛り場のロンバード街へ。ロイド店を拠点とする常客たちがつどい、ほとんど損害保険センターに成長していった。これが、いまなお繁栄をつづける、ロンドン・ロイズ保険組合の誕生事情である。主人のエドワードは、ただ場所を提供しただけのこと。でもこれこそが、部外者には、なんとも推測しがたいロイズの不思議というべきか。

　さて、ここで問題。なぜ、お茶ではなく、コーヒーなのか。むろん、時代順ということもあるが、どうもリスクや投機と補償に関与する損害保険には、紅茶よりはコーヒーのほうが、向いているのかもしれない。あの、苦みのある刺激性とダイナミズム。鎮静と熟慮を特徴とする紅茶とは、いかにも対照的では。これは、わたしの偏見だろうか。諸賢のご意見をうかがいたい。

18世紀のロイドのコーヒーハウス
（大英博物館）

チョコの英雄スローン

承前である。コーヒーと紅茶の比較を考えた。だが、ヨーロッパの朝食には、いまひとつの飲み物がある。チョコレートだ。いまではチョコレートといえば、ほぼ固形物のことだが、もとは日本でふつうココアとよばれる飲料。

カカオの実を原料とするチョコレートは、アメリカ大陸の原産である。カカオは、もとは薬用とされていたように苦みがきつく、物珍しさに反応したヨーロッパ宮廷人も、手を焼いた。工夫が必要。ここから、チョコレートをめぐる英雄物語がはじまる。

はやくは17世紀に、イギリス人ハンス・スローンがミルクを混和した飲み物を考案。19世紀には、オランダのヴァン・ホーテンが粉末カカオの抽出に成功。キャドベリーは固形のチョコレートを製造した。ネスレや、リンツはそれぞれチョコ飲料の品質向上に注力。これらなじみある固有名詞のもとで、すこしずつ、人気の商品となっていった。ついには、多様なチョコレート菓子の登場。工夫と発明の大英雄時代が実現したというわけだ。

ところで、その先頭にたったイギリス人、スローンをいまいちど思いかえそう。このチョコ英雄は、もとは一介

（右図）ヴァン・ホーテンのポスター…（アドルフ・ウィレット作、1893年）

2012年3月11日

の医師であった。植民地ジャマイカで、1680年代に侍医として勤務するうち、その地の植物に関心をいだく。カカオは、その一環である。

帰国して研究に精勤し、ついには博物学者として大成する。そのコレクションはジャマイカ由来をはじめとして膨大。なんと、アイザック・ニュートンの後任として、王立アカデミーの会長に就任。位人臣をきわめたスローンは、ためこんだコレクションを、議会に遺贈した。これをもとに1753年、ロンドンに常設の機関を設置。大英博物館とよばれる。

そのコレクションのあらかたは、のちに大英博物館から国立自然史博物館に移管され、いま世界の博物学に君臨する。チョコ英雄の、まちがいなく偉大なサクセス・ストーリーだ。

大英博物館…イギリス・ロンドンのブルームズベリー地区にある人類の歴史、芸術、文化を専門とする公的機関であり、世界で最初の国立博物館

(上図)大英博物館内のハンス・スローンの彫像…(マイケル・リスブラック作)

クック布教師のアイデア

なんとも、見上げたアイデアマンである。敬虔《けいけん》なバプティスト信徒。トーマス・クックは、ロンドン北方の田舎町のうまれ。若くして職人暮らしをやめて、バプティスト会の布教師になった。なかでも、教義のポイントは禁酒。貧者が飲酒のために身をもちくずすのをみて、厳格な禁酒運動のリーダーとなった。

でもかならずしも、宗教者として名をあげたわけではない。アイデアマンの標的は、信徒たちの旅行支援であった。飲酒よりは、旅行のレクリエーションを。たしかに、理屈はあっている。ちょうど、1840年代、イギリスでは鉄道建設のブームがまきおこっていた。信徒たちは、団体をくんで鉄道旅行へ。アイデアはといえば、交通費と食費ほかの雑費を一括して計上すること。なんでも、割引料金を適用して日帰りの往復旅行、費用は1シリングとか。

旅行環境が背中をおした。1851年、ロンドンで第1回の万国博覧会が開催された。6カ月間に600万人が観覧したという万博に、クックは大量の団体客を動員。貧乏人でも、旅ができる。それは、ちょうどキリスト教の

バプティスト…幼児洗礼を認めず，自覚的な信仰告白にもとづき，全身を水にひたす浸礼によるバプティズムbaptism（洗礼）を主張するプロテスタント最大の教派の一つ

（右図）トーマス・クック肖像…（1880年頃、ウェールズ国立図書館）

2012年3月18日

聖地巡礼のようなもの。日本の伊勢参宮でいえば、御師にあたる団体旅行リーダーだ。

行くところ壁はなかった。団体旅行は、イギリスからヨーロッパへ。そして、世界へ。日本へは、明治6年（1873年）に初渡航。7カ月で世界一周という。バプティスト団体でなくても、それなりの秩序を維持した。たぶん、旅のあいだは飲酒もひかえめだったことだろう。

トラベラーズ・チェックや旅行クーポンを発案。自社で車両まで調達したうえで、企画・運営する列車旅行も。さらには、全ヨーロッパの鉄道時刻表まで。旅行業が、これだけ総合的な産業として成り立つことを、身をもって証明してみせた。類似の企業はあまたあるなか、いまなおクック社はモデルとしての役目をはたしている。バプティストのイメージを一変させるような快挙である。

（上図）クックの時刻表…クックの大陸時刻表と観光客ハンドブックの1882年12月版の表紙（1888年）

ホテル王リッツの迎賓館

1897年、ロンドンの街は、女王ヴィクトリアの即位60年の記念祭でわきたっていた。国王が在位60年をむかえるのは、イギリス史上、最初のこと。世界に君臨する大英帝国の繁栄をことほぐ、このチャンス。世界中から、王侯貴紳もつどい、社交が盛大にいとなまれた。ちなみに、それから115年たった今年、英国民は、ふたたび女王エリザベス2世の60年祭を祝う。おめでとう。

さて、かの社交の席を提供したのは、旧来の宮廷ではなく、あらたに近代都市ロンドンやパリに出現しはじめた巨大な高級ホテル。大胆な設計によって、ホテルの概念を革新し、さらにはイギリスに本格的なフランス料理をもちこんで、ホテル晩餐《ばんさん》の水準を一気に向上させた。その仕掛人というべきは、マネジャーのセザール・リッツ、そしてレストラン・シェフのエスコフィエ。

リッツは、スイスの田舎生まれ。苦労してホテル・マン修業をつみ、まずはモナコの高級ホテルで支配人の地位を獲得。ここで地歩をかためると、スイスでもマネジャーとしての地位をえて、野心をもりたてた。料理人エスコフィエの参加もえて、理想の実現へ。

(右図)セザール・リッツ
肖像…(Wiki)

2012年3月25日

19世紀も末、もう貴族の邸宅での豪遊は時代おくれになっていた。けれども、それに代わる場が、市街地の市民社会にはない。この空白地帯をうめようとばかり、リッツの構想が翼をひろげた。広壮な客室は宮廷仕様のインテリア。食堂は、最高のフランス料理を提供。ダンスルームは、いやがうえにも豪華。しかも、ホテルには休日がない。日曜日は、昼間からダンス・パーティーと饗宴《きょうえん》。リッツの目論見《もくろみ》は、みごとに当たった。

　度重なるトラブルもあったが、ヨーロッパの主要都市に、あいついで建設。どれも国を代表する迎賓館となった。「ホテル王」の賛辞がよせられる。

　それから1世紀。リッツの地位はもう独占をゆるされない。だが、ホテルの理想形ばかりは、なおもそこに健在である。

（上図）ザ・リッツ・カールトン・ホテル香港…（Wiki）

アイスキュロスの最期

きわだった禿頭《とくとう》の作家が、街頭を歩いていた。その上空に、一羽の鷲《わし》が舞う。「どこかで生捕った一疋《いっぴき》の亀を爪の先に攫《つか》んだまま」。亀の甲があまりに堅いので仕方なく、光かがやく男の頭に落下させ、破壊したうえでついばもうと、鷲は考えた。

「かの亀の子を高い所から挨拶も無く頭のうえに落とした。生憎《あいにく》作家の頭のほうが亀の甲より軟らかであったものだから、禿はめちゃめちゃに砕けて」、作家は無惨《むざん》な最期をとげることになった。

なんだかまるで、お伽《とぎ》話のようだ。手のうちをあかそう。本文は、夏目漱石の『吾輩は猫である』。作家とは、「イスキラス」と。じつは、古代ギリシアの悲劇作家アイスキュロスのこと。

さて、紀元前456年頃におきた作家の死が、ほんとうにそんな具合だったのか。古来の荒唐無稽な伝承にたいして、専門家はむろん否定的だ。

ギリシア悲劇の祖とされるアイスキュロスは、アテナイ北方の聖地エレウシスで生まれた。若くして、ペルシア戦争に従軍。あのマラトンの戦いにも、そしてサラミスの海戦にも。その体験が、代表作『ペルシア人』にはもりだ

マラトンの戦い…ペルシア戦争で、前490年にアテナイ軍がペルシア軍を破った戦い。この勝利を伝令した際の故事がマラソンの起源とされる

サラミスの海戦…前480年第3次ペルシア戦争で、アテナイ海軍がペルシア海軍を破った戦い。ペルシア戦争でのギリシアのポリス国家連合の勝利の最大要因となった

くさんである。東方の帝国の圧力に抗して、ギリシア市民の自由を防御するという、ポリス社会の共通の主題。

いささか大仰にもすぎるこの理想は、その悲劇作品のなかに華やかに叙述される。ほかの作品もあわせて、じつに90点にも及ぶという作劇だが、そのうち現存するものは、わずか7点にすぎない。だが、どれもギリシア人観客の琴線を刺激し、欣喜《きんき》と慟哭《どうこく》をうながしたことだった。いささかおおげさで、誇張がすぎるとの批評もあったようだが。それは否定できないかもしれない。

でも、どうだろう。この粗削りぶりがあってこそ、最期にまつわるあのお伽話が、真実味を帯びるのではないだろうか。そう、偉大な悲劇作家の禿頭は、漱石先生の筆のもとで愛嬌《あいきょう》をもってよみがえってくる。

（上図）アイスキュロス肖像
……（Wiki）

噴火調査で殉職　プリニウス

古代ローマ帝国の時代、西暦79年8月24日。ローマ海軍の司令長官ガイウス・プリニウスは、57歳の生涯をとじた。その顚末は、養子となった甥《おい》が、詳細に書きのこしている。

　場所は、ナポリ湾に面した港、スタビアエ。背後にそびえたつヴェスヴィオ火山は、猛然と噴火し、麓の町をいくつも呑みこんでいった。ポンペイやヘルクラネウムなど。長官は、対岸にあるミセヌムに駐屯しており、事態の推移をみまもっていたようだ。深刻な状況をみて、ついにみずから現場に急行することを決意。おしとどめる部下をはねのけて、ヴェスヴィオ火山の直下へ。

　地震が建物を倒壊させていた。噴煙が斜面をかけおり、有毒ガスが吹きあれた。甥の報告では、気管支に持病があるプリニウスは、その襲撃をうけて倒れこんだ。3日後に遺体となって発見された。

　その事情については、ことなった証言がいくつかある。でも、たしかなことには、長官は職務への責任から噴火の直近にまでおもむいたのだ。それは、ローマ帝国の公務員倫理をみごとに証言するもの。殉職である。

（右図）プリニウス肖像…
（1859年、Wiki）

2012年4月8日

だが、この長官はさらなる心意気をいだいていた。異常な事実を、できるだけ近間で観察したいという熱意。プリニウスは、傑出した自然学者、歴史家だったのである。北イタリアのコモでうまれ、軍務についてから、まずはドイツ遠征。ゲルマニア事情を調査した。ついでは、スペインや北アフリカ。ヴェスヴィオ火山の観察は、うってつけの役務である。

　現在まで残る著作は、『自然誌』とよばれる百科全書だけ。それでも、動植物、天文学、医学から美術まで百般。しかしじつは、帝国の歴史から、ゲルマン世界まで、失われた著作のほうが多かったらしい。というわけだから、ナポリ湾の公務は、止むにやまれぬ調査行動だったろう。その「ヴェスヴィオ火山見聞録」は、とびきり貴重な報告となっただろうに。いまとなっては、しめやかに合掌。

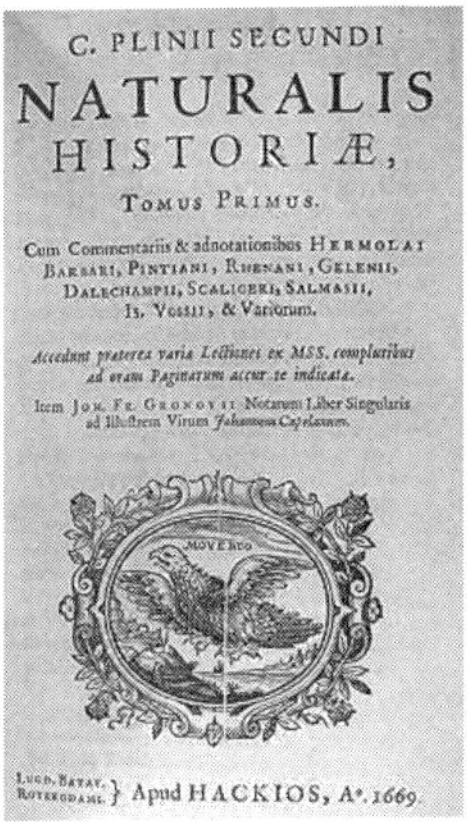
C. PLINII SECUNDI
NATURALIS
HISTORIÆ,
TOMUS PRIMUS.
Cum Commentariis & adnotationibus HERMOLAI BARBARI, PINTIANI, RHENANI, GELENII, DALECHAMPII, SCALIGERI, SALMASII, IS. VOSSII, & Variorum.
Accedunt praeterea variae Lectiones ex MSS. compluribus ad oram Paginarum accurate indicatae.
Item JOH. FR. GRONOVII Notarum Liber Singularis ad Illustrem Virum Johannem Capelanum.

LUGD. BATAV. ROTERODAMI. } Apud HACKIOS, A°. 1669.

（上図）『自然誌』表紙…
（1669年版）

ローマを掠奪 ガイセリック

「永遠のローマ」というが、じつはほぼ千年にいちどずつ、手ひどく掠奪《りゃくだつ》されてきた。はじめは、紀元前4世紀に、ケルト人によって。そして、直近はといえば、16世紀に神聖ローマ帝国のドイツ人によって。どちらも、「ローマの掠奪」とよばれる。その中間には、紀元5世紀、ヴァンダル人による掠奪が。

455年という。終末期の西ローマ帝国の内輪もめから、ゲルマン人の一部族が、穏便を条件にローマ市内によびこまれた。当事者は、キリスト教会の教皇、レオ1世だといわれる。開放された城門をくぐったヴァンダル部族、首領は国王ガイセリックである。

約束とはちがい、部族は首領のもと、とことんまでローマを掠奪した。老体となった帝国は、抵抗すら思うにまかせない。市民の財産は強奪され、無数の遺体がローマの街頭にさらされたという。のちのちまで、はかりしれぬ残忍として、語りつがれていった。文明にたいする野蛮な破壊行為。下手人たちの名をとって、いまもヨーロッパ諸語では、それを「ヴァンダリズム」と呼びならわす。なんでも、インターネット上の不法行為にまで、援用されるとか。

どうして、こんな事情におちいったのか。この部族は、北方からヨーロッパの中央域に侵入。時計の針と逆回りに、西地中海を席巻した。いまの地名でいえば、フランス、スペイン、モロッコ、アルジェリア、チュニジア、そしてイタリア半島。シチリアやサルディニアの島はもちろんのこと。ゲルマン人として、まるっきりの圧勝だった。

ローマの掠奪は、その延長である。東ローマ帝国をはじめとする諸勢力と間隔をたもちながら、ヴァンダル国家は、次第に安定をほこるようになった。王ガイセリックは、なんと77歳（ことによると87歳）まで長生きして、そこそこの教養人になったという。そんなわけだから、そろそろ、ヴァンダリズムの語は取りやめにしたいが、どうだろう。

（上図）ヴァンダル族を率いてローマを略奪するガイセリック…（カール・ブリュロフ作、1833〜36年、トレチャコフ美術館）

最初の仏人ウェルキンゲトリクス

あまりに長い名前なので、故国フランスでも、ほとんど知られていなかった。すくなくとも、19世紀なかばまでは。

なぜかといって、フランスはその言語がそうであるように、もとはローマ帝国のもとにあるラテン系の民族。そう理解されていた。ところが、じつはフランスという地名は、フランクというゲルマン系民族名に関連する。そうか、ドイツ人とおなじくゲルマン系でもあるのだ。そこで混乱がおこる。ほんとうは、どこにアイデンティティーをもとめたらいいのか。

ナポレオン1世は、まだシーザー（カエサル）の再来をきどっていた。ところが、ナポレオン3世になると、都合がつかなくなる。さりとて、ドイツ人とおなじというわけには……。

そこで、みごとな発見がおこなわれた。フランスの地にまだ、ゲルマン人もラテン人もやってこないころに、そこに住んでいた人びと。それこそ、ガリア人、つまりケルト系民族だ。「われらの祖先、ガリア人」という標語ができた。その存在をはっきりと証明する文書がある。カエサルの『ガリア戦記』。この名著には、おおきなスペー

2012年4月22日

スを割いて、ガリア人指導者ウェルキンゲトリクスの行動が記されている。

もちろん、悪役としてだ。ローマのガリア支配に抵抗し、全ガリア人を統括して武力反抗を指導した人物。最後にはカエサルの軍門にくだり、あわれ処刑の運命がまっている。ガリア人は文字をもたなかったので、子細はわからない。情報は、カエサルの側からだけ。それでも、ガリア総反乱の規模は想像できる。

ウェルキンゲトリクスは、こうしてフランスの英雄にまつりあげられ、精悍《かん》な姿をあてられた。反乱のとき、ほぼ20歳。ガリア人アルウェニ部族の豪族出身の青年だった。

この「最初のフランス人」は、反抗の終焉《しゅうえん》の地、アレシア（アリーズ・サント・レーヌ）に、いまは銅像となって屹立《きつりつ》する。ちょっとこのごろは、信奉者の興奮もさめたようだが。

（左図）かつての主戦場であるアリーズの野に建つ、ウェルキンゲトリクスの像…（Wiki）

希望の共通言語の創始者 ザメンホフ

それは、「希望する人」を意味する人工言語だった。エスペラントには、創始者であるポーランド生まれのユダヤ人、ラザロ・ルドヴィコ・ザメンホフの運命《さだめ》が、びっしりと詰まっている。それもそのはず。

ロシアほかによって3分割され、国を失ってひさしいポーランド。そして、故郷を去ってしいたげられ、流散《るさん》にあえぐユダヤ人。個別言語のかたわらに、共通人工言語を設定しようという提案は、その隘路《あいろ》にうまれた。エスペラントは、自身の究極の思いにあふれている。公式の文書刊行は、1887年のこと。

ザメンホフは、北東ポーランド生まれの眼科医。そのかたわらで、諸国の言語を研究した。母語はロシア語だったのだが。この境遇のなかで、エスペラントは、まさしく「希望」の言語だった。

ヨーロッパ系の諸語をもとに、動詞の活用語尾を省略するなど、いくらかの簡略化をはかったすえの造語体系。人工言語であるが、接頭・接尾詞などを工夫して、現実のニュアンス表現にも配慮した。ヨーロッパ人であれば、

2012年4月29日

ほぼだれでも推測できる範囲の共通性だった。もちろん、ここは、ひとえにヨーロッパ人対象ではあるものの。

その19世紀後半は、「国際」の時代だった。諸国の交流と協力が、ゆたかな成果を期待させる。国際赤十字条約は1864年。万国郵便連合は1874年。そして、近代オリンピックは1896年に。エスペラントは、こうした雰囲気につつまれて誕生した。万国共通の理解手段として、熱い希望を託されて。

それから1世紀あまりが経過した。いまや、グローバル化のもとでは、英語の通用力がまさり、世界を縦横無尽に席巻しまくる。そのなかで、かのエスペラントはどうなるのか。もう勝敗は決したのか。それとも、「希望する」言語と、縦横無尽に席巻する言語との対決は、まだ開幕のゴングを聞いたばかりなのだろうか。ザメンホフの息づかいを聴きたい。

（上図）ザメンホフ肖像…（フェリックス・モシエレス作、1907年、英国エスペラント協会事務所）

西暦1000年の王冠 イシュトヴァン1世

さきごろの世紀の変わり目の年、「ミレニアムの男（女）」という栄誉をだれかに捧げようと考えてみた。西暦1000年のわが列島では、藤原道長と紫式部。そう、光源氏のモデルとしても、そして作者としても、最高のタレントぶりだから。

ユーラシア大陸の向こう側の西暦1000年。図星といえる両雄がいる。ローマ教皇シルヴェステル2世と、ハンガリーの初代国王イシュトヴァン1世である。前者については、べつに話題にしたい。ここでは、ハンガリー国王を。

マジャール人が東方から現在のハンガリーに移住してきたのは、9世紀のこと。アルパード家の当主たちが首長として治めたものの、まだ王国の体をなしていない。そして、ほぼ100年ののち。ヴァイクという男が、985年にキリスト教の洗礼を受けてイシュトヴァンを名乗った。英語ならば、スティーヴンである。

西暦1000年のクリスマス、イシュトヴァンはローマ教皇シルヴェステル2世から王冠をさずかった。直前に誕生していた西隣の神聖ローマ帝国からは、きっぱりと独立。

　21世紀のいま、ハンガリー国民はこれをもって建国とみなす。それから1000年間、その王冠は、危うい橋を渡りながらも、健在である。王冠は第2次世界大戦後の混乱を恐れてアメリカに避難。ようやく1978年に故地にもどったところだ。

　イシュトヴァン1世のもとで王国となったハンガリーは、名実ともに中世国家として自立する。1038年に没するまでには、複雑な民族関係を、ともかくも収拾して統一。教会の教区制度をカトリック国家として整備。それは東ヨーロッパとしては、先陣を切るものだった。

　じつに1000年前の記念すべき事件だ。ハンガリー王冠をいただくイシュトヴァン像は、いまでは、首都ブダペストの英雄広場にならぶ王たちの筆頭として、粛然と立ちつくしている。古い古い国の風格もゆたかに。

（上図）英雄広場のイシュトヴァン1世像）

セザンヌとゴッホの岐路

１８８０年代末の日々、ふたりの画家が、南フランスはプロヴァンスで、キャンバスに向きあっていた。一方は、エクス＝アン＝プロヴァンスで。他方は、アルルで。前者はセザンヌ。地元の生まれ、50歳前後の仕事盛り。後者はゴッホ。オランダ生まれの30歳代なかば。ふたつの町は、ほんの１００キロほどの隔たり。けれども、ふたりは互いにほぼ無関心。

セザンヌは、画家としての大成を夢みて、印象派が華々しくデビューするパリで修業。しかし、あまり芽がでない。やがて、厳しかった父の死を機に、エクスに帰郷。風景や静物という対象物の見えかたを、とことんまで解析しようとする。

ゴッホは、オランダからパリへ。その陰鬱な光景に嫌気がさして、さらに南のプロヴァンスへやって来る。燦々《さんさん》と降る陽光のもと、色彩の乱舞にであって自信を回復した。あの印象派の明色を、さらに進めようという。

そんなわけだから、セザンヌもゴッホも、ともにポスト印象派という括《くく》りのなかに収められる。そして、ともにプロヴァンスでめざましい飛躍をとげた。

（右図）フェルト帽子をかぶった自画像…（セザンヌ作、１８９４年、アーティゾン美術館）

2012年5月13日

けれども、共通なのはそこまで。線路はふたつに分岐する。セザンヌは、形（フォルム）を、沈着と理知にささえられて大胆に分解。ゴッホはといえば、燃えたつ色彩のうちに、きらめく情熱を託した。

セザンヌは、人見知りする孤独ゆえ、偉大な発明を秘めているのに、対話から身をひいてしまう。ゴッホは、狂おしく他者の共感をもとめて、かえって鬱におちいる。耳切り事件は、そのさなかに起きた。

おなじプロヴァンスの明澄な空の下、北方人ゴッホと、南方人セザンヌのあいだで、こんなに異なる芸術人生があるなんて。東京・六本木の国立新美術館、「セザンヌ――パリとプロヴァンス」展からの帰路、そんな謎をつぶやいてみた。まもなくプロヴァンスの野は、ラヴェンダーの花盛りに。しばらくぶりに、あの太陽を浴びにいこうか。

（上図）耳を切った自画像…（ゴッホ作、1889年、Courtauld Gallery）

日食を予言した哲人タレス

古代のギリシア・ポリス文明が、まだじゅうぶんに明けそめぬころ、エーゲ海対岸の小アジアにミレトスという町があった。ここに、エジプトやら、フェニキアなどの先進オリエント世界の人びとがつどって、ギリシア人とのあいだで、なにくれと科学やら技術やらの先端を語りあった。

フェニキア系譜のギリシア人タレスという賢人も、そのひとり。エジプト系譜のギリシア人歴史家ヘロドトスが、百年あまり先輩のタレスのことを、のちにこう話題にしている。

タレスは、混迷をつづけるメディア国とリディア国との人迷惑な、ながい戦乱を終わらせようと、一計を案じた。おりしも突発した日食をとらえて、その推移を予言してみせたという。日食の一瞬、まるで夜間の戦闘のごとくとなった。両軍の兵士たちは、あまりの薄気味わるさに、タレスの予言にひれ伏して、和平を急ぐ気分になったとか。

詳細は不明だ。だが、タレスの予言技は、たぶんフェニキア系譜の天文学に負うところ多かっただろう。そして、のちにヘロドトスのエジプト系譜が、これを支援した……。初期ギリシア科学の事情をよく表現している。

2012年5月20日

全盛期のギリシア人哲学者たちは、タレスを最初の哲学者とよんだ。すべての存在が、水に発し、水に帰っていくという哲理を語ったから。だが、そんな大仰な議論よりは、日食の予言のほうが、はるかに説得力を発揮したにちがいない。

その日食は、紀元前585年5月28日だったと推定される。それから2597年たった今年5月21日、こんどは日本列島で日食が予告されている。

ただし、古《いにしえ》のタレスは、天空の観察に専念するあまり、あやまって足元の溝に転落することがあった由。遠方の真理をもとめたため、近間の現実を誤認したとの趣旨だ。これを警告として注意をはらい、迫り来る金環日食の観察にとりかかろう。晴れればいいいな。

（上図）タレス肖像…
（1875年、Wiki）

エッフェル、都市の冠としての高塔

東京スカイツリーが、鳴り物入りで開業した。世界一の高塔、おめでとう。こうなると、すぐに大先輩のことが想起される。1世紀あまり昔にデビューしたエッフェル塔である。建築技術者ギュスターヴ・エッフェルの意匠と建造。知られるとおり、1889年にパリ万博に際して設置された錬鉄製。フランス革命百周年の記念物でもあった。高さは世界一、教会の塔をはるかにしのいで312メートル。もともと仮設物だったはずのエッフェル塔は、解体をまぬがれて、いまもセーヌ川に影をおとし、その町のシンボルでありつづける。

エッフェルは、そのとき57歳、初老の技術者。すでに、あまたの作品をもって周知されていた。ポルトガルのドウロ川では、アーチ構造鉄道橋の長大なスパンの橋梁で、人を驚かせた。ときあたかも、製鉄法の向上もあって、鉄橋こそは技術進歩の象徴とみなされた。ヨーロッパばかりか、中国や東南アジアにまで進出する。

エッフェルの橋は両岸をむすび、やがては地上から天空にもむかう。すでにエッフェル塔に先立って、数年前に

世界一の高塔…ブルジュハリファ（ドバイ）828メートル（2024年5月時点）

ドウロ川…スペインのソリア県を水源とし、スペイン北部を流れポルトガルに入り、名を変え、ポルトから大西洋に注ぐ。全長897キロメートル

2012年5月27日

はニューヨーク港外の「自由の女神」像を、鉄と銅で仕立てあげていた。これに自信をえて、いよいよパリの天空に橋をかける。

景観を破壊するものとして、芸術家たちは呪詛《じゅそ》をなげかけたというが、案外とパリっ子たちは、その意匠に満足したようだ。セーヌ河畔に4本脚をつっぱった姿は、パリの街デザイン全体のなかでみごとに調和を実現した。19世紀末は、アールヌヴォーに突入しようという前夜だったのだ。

高塔は都市デザインに冠《かんむり》を提供した。技術が景観美ときわどく連携できる幸福な時代に、技師エッフェルの記念塔が投入されたわけだ。さて、それから約120年。スカイツリーは、都市パリと技師エッフェルに、たくみに肩を並べられるだろうか。それは、塔をめぐる東京下町の都市デザイン力にかかっている。

エッフェル塔

ヤルタ発のロシア文学 チェーホフ

ヤルタという町は、ロシア帝国の黒海岸の保養地、風光明媚《ふうこうめいび》で温暖。現在の人口は8万人ほど。穏和な空気が支配する。これが、なんとあのヤルタ会談の故地として、第2次世界大戦の敗戦国を緊縛してきたとは、信じがたいところだ。

　ここの快い人気《じんき》のもとで、アントン・チェーホフが、晩年の戯曲4部作のなかばを書いたのも、納得がいく。「かもめ」「三人姉妹」「ワーニャ伯父さん」、そして「桜の園」である。納得の理由はといえば、なによりもユーモアと爽快さを兼ねそなえたエスプリの巧妙さ。

　もともとロシア文学は、いたく深刻な人間精神の暗部をのぞきこむことに、本性を発現させた。たとえば、あのドストエフスキー。人間存在にたいするたとえようもない絶望感。あるいは、

（上図）チェーホフ肖像……（オシップ・ブラス作、1898年、トレチャコフ美術館）

2012年6月3日

トルストイの内面的ニヒリズムと求道者らしい理想主義。ともに、文学となれば、人間と世界は、あざなえる糸のように無限に錯綜《さくそう》するはず。そして、両者ともに並はずれた超大作をものした。それは、まるで肺活量の文学だ。

　ところが、チェーホフのほうはといえば、複雑な筋立てよりは、こころの微妙な動きの細部をスマートに描こうとする。肺活量よりは、リズミカルな呼吸の文学。

　チェーホフは、１８６０年、南ロシアは黒海沿岸地方のタガンログで生まれた。モスクワで医学を学んだうえで、文学に翼をひろげて名作を世にだす。

当時の作家たちが、インテリゲンツィアとして、社会と格闘し煩悶《はんもん》をくりかえしたのとちがい、チェーホフは医師としての対人感覚をみがく。仲間たちが、西側のヨーロッパからの風と張りあっていたとき、かれは南の黒海のおおらかさを体現し、満喫した。

　そう、ロシア文学の主調音とはべつのところで、精神の近代を展望したことになる。これを、ヤルタという南の窓口からの発信とみれば、ごく自然だ。もうひとつのロシア文学とよんで、構わないかもしれぬ。

ドフトエフスキー…ロシアの作家。西欧主義に傾き、社会主義サークルに関係して4年間シベリア流刑にあった。その後政治から遠ざかり、人間の魂の救済をテーマとした作品を生み出した。代表作『罪と罰』『カラマーゾフの兄弟』

トルストイ…代表作に『戦争と平和』『アンナ・カレーニナ』『復活』など。文学のみならず、政治・社会にも大きな影響を与えた。非暴力主義者としても知られる

ガリバルディと西郷どん

東京・上野の東京芸術大学大学美術館で、高橋由一展をみた。ふと、ちいさな素描に目がとまる。「三偉人」と題する。当代の3人物とは、奴隷解放を達成したリンカーンと、鉄血宰相ビスマルク。もうひとりは、なんとガリバルディ。顎鬚《あごひげ》をたくわえたイタリアの老政治家は、なしとげた事業の大きさでは、かなり見劣りがしないかと、首をかしげた。

青年にして、祖国の独立運動に身を投ずる。失敗して、南米に亡命。1848年の革命の年に帰ってきて、ローマに共和国を建設しようとするが、また惨敗。しかし、くじけない。ついに、サルデーニャ王国を頭目とする反オーストリア戦線に参加して、リソルジメント（イタリア復興）運動の中核に名乗りでる。

けれども、フランスなど大国の力を借りた主流の外交戦略とは、肌があわない。抑圧された民衆のエネルギーが、ガリバルディの活力だから。みずから兵をつのって、南イタリアを自力で解放しようと出陣する。千人からなる義勇兵は、合流した民衆の兵士たちとともに、シチリアをめざして制圧。ついで、ナポリも。昂奮に沸きたった。

2012年6月10日

獲得した南部をまるごと、ガリバルディは潔くサルデーニャ王に献呈した。ところが、こうして成立した統一イタリア王国は、勝利の戦士たちを満足させない。なによりも、教皇領のローマ市をのこしたままの統一だったから。

ガリバルディは、ふたたび立つ。ローマ進軍へ。だが、イタリア政府軍に阻まれて、退却。かの潔さは裏切られたも同然である。失意のガリバルディ。しかし、なおも強気に語って、諦めはしない。不屈の自由人であった。

さて、かのガリバルディ像の謎を解く鍵はどこに。ずばり西郷隆盛だとするのが、わたしの仮説だ。画家・由一たちをめぐっては、1877年、時おりしも西南の役が降りかかったところ。失意と不屈の両部将を重ねあわせて喝采する、明治人の心意気がほのみえる。

（上図）ピサのガリバルディ広場に立つガリバルディ像

ゴドイが愛した「裸のマハ」

フランスでナポレオンが権勢をきわめようとするとき、隣国スペインでも、ほんの3歳年上の男が、老大国の運命をになっている。マヌエル・デ・ゴドイ。血統ただしい貴族の出身。1792年には、宰相に就任した。ときの国王カルロス4世妃の寵愛《ちょうあい》があったからという。若い25歳。ナポレオンはまだ無名の砲兵将校。

このおりは、さしたる成果もなく5年ほどで退任。ただし、王族のひとりと結婚し、大量の持参金を手にした。つぎに1801年。ナポレオンは、すでにクーデターで第一統領《コンスル》の地位をになっている。ゴドイはふたたび宰相に。ただちに、隣国ポルトガルに進攻。この行軍の野営中、お気に入りの宮廷画家、かのゴヤにかかせた肖像がある。夜営する34歳のゴドイは、毅然として、いかにも美しい。

じつは、ゴヤはすでに数年前からゴドイの注文に応じていたようだ。たぶん、その筆頭作品は「裸のマハ」。ゴドイ邸の絵画庫に、あのスキャンダラスな名画が収納されていたとの証言が伝えられる。

ポルトガルを征圧し、国際条約によって実質上の支配者と認定されたゴド

イ。だが、もののち数年ものちの1807年、ナポレオンはスペインに武力侵略をしかけた。国王もゴドイも追放。のちに、民衆暴動とゲリラ戦によってフランス軍を駆逐したものの、ゴドイは祖国へもどることはなかった。結局、ナポレオンとおなじ落魄《らくはく》の身か。

　けれども、ゴドイに艶福のプライバシーがあった。生涯をとおして連れそった愛人ペピータ。王妃マリア・ルイサや、領内随一の貴族アルバ公爵夫人との、秘めやかな恋の噂。邸宅の秘密の絵画庫には、スペインでは禁断の裸体画などがふんだんにあった。もちろん、ゴヤの着衣と裸の「マハ」はそのなかに。

　さて、ナポレオンとゴドイと、どちらに軍配が。たしかなことには、ゴドイはヨーロッパ各地で亡命活動をつづけ、84歳の天寿をパリでまっとうした。

（上図）裸のマハ…（ゴヤ作、19世紀、プラド美術館）

軍人クラウゼヴィッツ 理論で大成

ことによると、カール・フォン・クラウゼヴィッツの名は、一般にはいささかなじみ薄いのかもしれぬ。ナポレオン戦争時代のプロイセン軍人としては、卓抜の活躍とはいいかねるものだった。ようやくしかるべき地位についたのは35歳、戦後になってから。

のちに少将に昇任し、陸軍大学校の校長となったものの、あまりの急進的改革を提議したからか、活動の場もかぎられてしまう。上官のグナイゼナウやシャルンホルストのような有名人には、及びもつかない。

それもやむをえないだろう。なにせ、プロイセン軍人とはいえ、もとはたぶんポーランド出自。身分上の後ろ楯《だて》もなく、ただ軍事理論の冴《さ》えをもって歴史の舞台に登場した。著書『戦争論』は社会主義者フリードリヒ・エンゲルスやドイツ統一の将軍モルトケによって称揚されたが、それははるかのちになってのこと。

くわえて、日本にあっては軍事理論は、20世紀後半このかた、冷遇されつくした。職業上の専門家か軍事オタクなどが着目するばかりで。

けれども、冷静にみれば、クラウゼ

グナイゼナウ…プロイセン王国の軍人、陸軍元帥

シャルンホルスト…プロイセン王国の軍人で、軍制改革者

ヴィッツ『戦争論』が提起した視点は、とびきりの水準にある。戦場での体験と、歴史への洞察。そして、おりしも成熟をみた、ドイツ啓蒙主義哲学風の思考術。

「戦争は、他の手段をもってする政治の延長」とする著名な理論は、近代の社会思想の最頂点に位置したともいえる。ちなみにその著作は『大戦原理』として、ドイツ留学帰りの陸軍軍医・森林太郎（鷗外）により、はじめて紹介・翻訳された。

ところで、クラウゼヴィッツの輝かしさをもうひとつ。著作を没後に編集したのは、妻のマリーである。伯爵家出身の妻は、周囲の猛反対をしりぞけて、カールと結婚。女性とは、はるか縁遠いとされる戦争と軍事を勉強し、夫にアドバイスをつづけた。さあ、クラウゼヴィッツを読みなおしてみよう。鷗外訳でなくとも、こなれた現代語訳もあることだし。

（上図）クラウゼヴィッツ肖像…（カール・ヴィルヘルム・ヴァッハ作、19世紀）

故郷チェコで連作描いたミュシャ

女優サラ・ベルナールの妖艶な舞台姿。19世紀末の華やかなパリ風俗は、いやがうえにも想像力を刺激したようだ。くわえて、劇場へと観客をさそう宣伝ポスター。これを仕立てたのはまだ34歳という、グラフィック・デザイナー、アルフォンス・ミュシャである。

アール・ヌーヴォーの名をとどろかすスマートな曲線美が、女優をきわだたせる。それは1894年のこと。トゥールーズ・ロートレックたちとともに、パリの魅惑をうたいあげた。

ミュシャは東欧はチェコの生まれ。パリに出て修業するうち、あたらしい画法にめざめる。日本の浮世絵をふくめて、シンプルなデザインに可能性をみつけた。大版の石版画ポスターが、公衆の面前からメッセージをおくる。アール・ヌーヴォーの寵児《ちょうじ》となったミュシャ。

ところが、世紀もかわるころ、画想はおおきく転換にむかう。世紀末のデ

（右図）出世作『ジスモンダ』ポスター…（1894年）

アール・ヌーヴォー…19世紀末〜20世紀初頭にかけてヨーロッパを中心に流行した芸術様式の総称

2012年7月1日

ザインの流行に飽きたのだろうか。1910年に、祖国に赴くにおよんで、ミュシャの心の扉はべつの方向に開くようになる。

故郷チェコ。ともに母語でかたりあうことができるスラヴ人たちの懐に、安んじてとびこもう。そこでは、すでに前世紀からの熱っぽいことばが飛びかう。スメタナやドヴォルザークなどの「チェコ国民楽派」の音楽が、さかんに愛国心をさそいかけた。

フランス語で発音されたミュシャは、チェコ語のムハに転身する。帰国とともに筆をとりはじめた連作は、民族の長大な歴史を表現する画像のかたちをとりはじめる。「スラブ叙事詩」とよぶ。15年にもおよぶ日々、ムハはこの大作に専念した。全20枚が完成したときは、68歳。故国への熱いプレゼントとなった。

連作は、のちにモラヴィア地方の城内に展示された。独立から革命、そしてふたたびの改革と、はげしい転変にさらされたチェコ民族の国。いまも、その難渋と栄光を証言して、壁を飾る。ミュシャからムハへ、その足取りをも暗示しながら。

トゥールーズ・ロートレック…ポスト印象派や象徴派の影響を受け、パリのナイトライフや娼婦などを描いた作品で知られている

ルネサンス人としてのコペルニクス

　ルネサンスの中核地イタリアから、東北にはるか千キロ。ヨーロッパの端境ポーランドの国に、コペルニクスは生まれた。イタリアへ留学。パドヴァ大学などで、先進の学問をおさめる。だが、天文という専門領域など、まだ存在しない。神学やら医学やら、諸学を身につけて帰国。

　すでにポーランドには、ドイツ以東で2番目に古いクラカウ大学が、重きをなしている。しかも、ポーランドはヤゲロー（ヤギェウォ）王朝のもと、リトアニア、ボヘミア、ハンガリーなど近隣の地域を統合するような大国に育っていた。中東欧の代表選手として、いま16世紀の栄華を独占する。ヤゲロー朝ルネサンスといっても、過言ではないほど。

　コペルニクスは、中世以来の天体観である地球中心説を転覆させた。さはいえ、太陽系の構造を正確にいいあてたわけではない。それはまだ、いく人かの先駆者の所説をうけて、観測にはげんで行きついた臆説のようなもの。けれども、天動説と地動説を比較して、後者をより合理的とする判断をくだす勇気は、ヤゲロー朝ルネサンスに背中をおされてのことだ。

（右図）コペルニクス肖像…（1580年頃）

グレーシャムの法則…一つの社会で材質の悪い貨幣と良質の貨幣とが同一の価値をもって流通している場合、良質の貨幣は退蔵・溶解・輸出などで市場から消えて、悪い貨幣が流通するという法則

2012年7月8日

教会領地の監督をつとめる知識人として、神学理論についても一家言。経済学の経験知識からは、悪貨と良貨についてのグレーシャムの法則を予告。どれもいわば、ルネサンス人としての発言だった。

　地動説のみを取りあげてみれば、のちにケプラーやニュートンによって検証されるべき仮説にすぎない。教会でもすぐには反響も禁圧もおこらなかった。コペルニクスは、ずいぶん時間が経過してのち、これを著作にしたためる気分になった。「天体の回転について」。それが、はれて刊行された1543年、著者は70年の生涯を閉じようとしていた。

　じつは、これは日本の種子島に、ポルトガル船が漂着する、その年にあたっている。むろん、まったくの偶然の一致。だが不思議と、いまひとつの一致もおきていたことを、次回に話題にしよう。

ケプラー…ドイツの天文学者

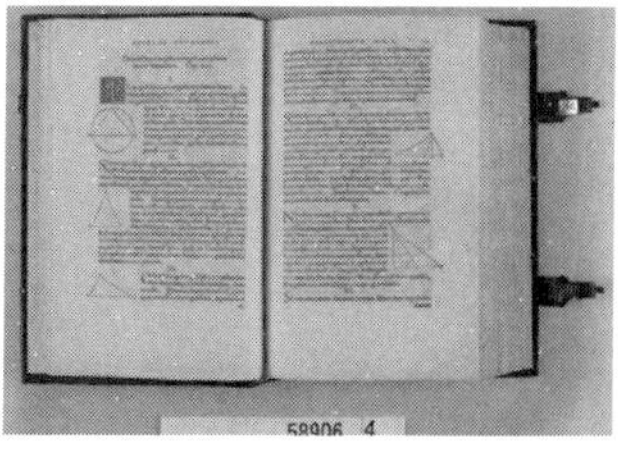

（右図）コペルニクス『天体の回転について』初版…ファクシミリ版（1543年、印刷博物館）

ヴェサリウス、近代医学の扉開く

日本の種子島に、ポルトガル人が漂着した大航海時代の1543年。その年にコペルニクスの「天体の回転について」が、出版された。そして、いまひとつ、アンドレアス・ヴェサリウスの「人体構造論」が。コペルニクスは、古代を代表するプトレマイオスの天体観を逆転させたが、ヴェサリウスはといえば、おなじくガレノスの人体論をひっくりかえした。その対象となる古代の学説は、ともに西暦2世紀のなかばに確立されたもの。どこか、不思議な一致がつらぬく。

フランドル地方に生まれたヴェサリウスは、コペルニクスにおくれてイタリア・パドヴァ大学にむかい、医学をおさめる。若くして博学の令名も高く、帰国して神聖ローマ皇帝カール5世の侍医に就任。さらに、観察をすすめ、29歳にして、もう総合的な著作にいきつく。

これが「人体構造論（ファブリカ）」だ。古代このかた規範とされてきたガレノスの所説を批判。もっぱら、みずからの解剖による知見を合理的に適用して、図解本にしあげることに成功した。

ガレノス批判の極意はといえば、そ

ガレノス…古代ギリシアの医者。ローマでは侍医として代々の皇帝に仕える。血液循環論をうちたて、生理学を中心に膨大な著作を残した

2012年7月15日

の知見はじつは、人体の解剖によってではなく、ほぼみな動物の解剖からする類推にもとづくということ。というのも、人体の解剖は、ながらく禁止されてきた。ヴェサリウスは、キリスト教会による規制をかわして、実地における観察を重視。たとえば、人間の心臓は4つの房室からなることを証明した。こうして、人体の構造は直視される。「ファブリカ」はじつに、近代医学の出発の号令となった。

　とはいえ、むろん人体解剖にたいする熾烈《しれつ》な反発があった。そのストレスは想像をこえる。そのためか、皇帝の侍医として、ならぶものもない名声を博したヴェサリウスは、晩年の1564年、改悛のために聖地巡礼の旅にむかった。その帰路、エーゲ海の島で遭難。みじめな最期をとげたと伝えられる。事情は、詳《つまび》らかではないが。

　1543年の同時代史がつづる、いまひとつの異聞である。

（上図）『ファブリカ』収録の肖像画…（1543年、Wiki）

ヘルシンキ五輪と英雄ヌルミ

　まもなくロンドン五輪がはじまる。1948年から、じつに64年ぶりのロンドンだという。それは第2次世界大戦直後のことで、敗戦国である日本は招かれなかった。日本の再出場は、次回の52年、つまり昭和27年のこと。じつは、わたしにとっては、記憶にある最初の五輪。開催地は、フィンランドの首都ヘルシンキである。

　開会式で聖火の最終ランナー、点火者はパーヴォ・ヌルミ。当時としては初老の55歳。なにせ、フィンランド・スポーツ界の大恩人という。その雄姿は、といいたいところだが、残念ながらまだテレビ放送がなかった。雑音だらけのラジオ中継に、わたしは興奮しながら聞きいったはず。少年のころの思い出だ。

　とびきりの陸上ランナーだったという。1920年のアントワープ五輪から、24年のパリ、そして28年のアムステルダムと、3回連続で出場した。戦績はといえば、5000メートルや1万メートル、障害競走まで、つごう9個の金メダルと3個の銀メダルを獲得。この記録は、のちの陸上競技カール・ルイスや水泳のフェルプスにほぼ並ぶほどとか。

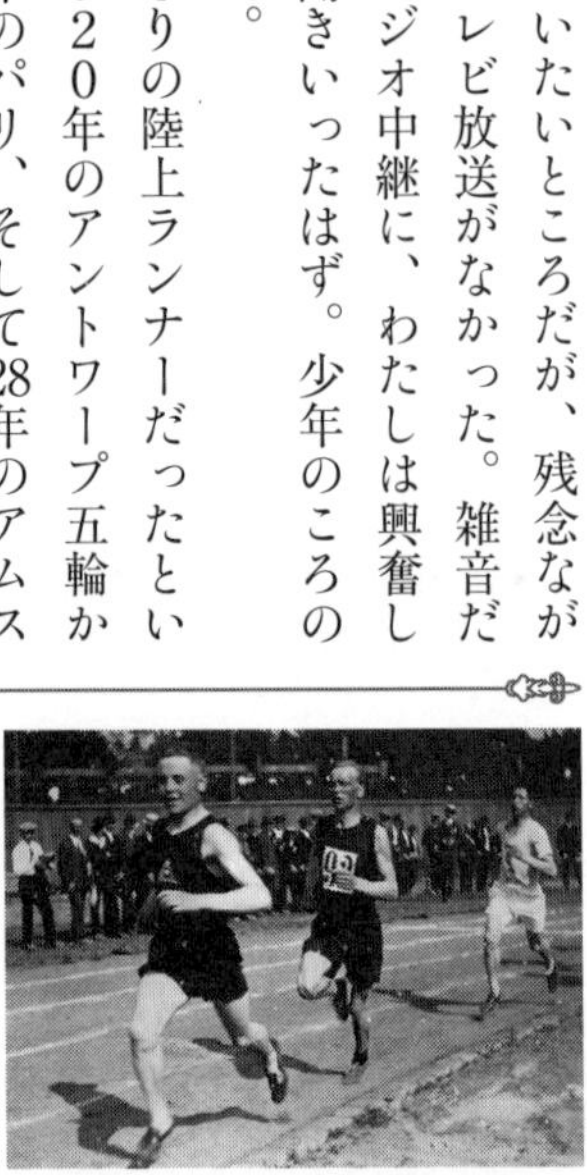

（上図）1920年アントワープオリンピックの予選にて…（Wiki）

2012年7月22日

押しもおされもせぬ、フィンランドの英雄になった。そして、後年になって、故国にオリンピックが招致され、晴れ舞台がやってきたという次第だ。

いうまでもないことだが、北欧フィンランドは豊かな大国とは申しかねる。でも、ここにオリンピックがやってくる。それは、あえていえば、あのヌルミ選手への敬意のゆえといってもいい。ソ連とのあいだの困難な外交をへて、20世紀を生きぬいてきたフィンランド。

いったん戦争により開催がキャンセルされたあと、戦後になって待望の開会式をむかえた。そこにヌルミのいまだ壮健な姿が。その国民が歓喜にむせび泣かないほうがおかしい。

いま、その競技場には、故人となったヌルミの疾走する姿が銅像となって鎮座する。スポーツの祭典が、まださわやかな感動をよびおこした時代の美談である。

（上図）ヘルシンキオリンピックスタジアム前のパーヴォ・ヌルミ記念碑…（Wiki）

ふたりのグスタフ、世紀末の不満

「ウィーン世紀末」というブランドは、いまでは華麗な彩りにみちている。けれども百年前の当事者たちは、案外と不満だらけだったかもしれぬ。その証人として、ふたりの芸術家に登場してもらおう。ふたりのグスタフである。

ひとりは、音楽家グスタフ・マーラー。卓抜の才をみこまれ、世紀末の1897年には、37歳でもうウィーン宮廷歌劇場の芸術監督。くわえて、ウィーン・フィルの指揮台に。のちに招かれて、ニューヨークのメトロポリタン・オペラ座の指揮者への道をたどる。栄光そのものだ。

だが不満だった。マーラー本人は、正道を行く作曲家と自認していた。歌曲と管弦楽曲の極致といえる。スケールの大きい交響曲は、ヨーロッパ音楽史の頂点のひとつといってもいい。けれどもウィーンでは、あくまでも演奏者の指揮官としてのみ尊重された。マーラーを適切に評価したのは、じつはドイツ人聴衆だった。ユダヤ系オーストリア人としては、不本意もはなはだしい。

もうひとりのグスタフは、画家のクリムトである。2歳年下。装飾家とし

（右図）グスタフ・マーラー…（1909年、LC）

2012年7月29日

て力をつけたクリムトは、ある年、ウィーン大学講堂をかざる天井画の依嘱《いしょく》をうける。3つの学部を表現する意欲作。しかし、この作品はスキャンダルをまきおこす。あまりにラディカルに挑発的と。酷評に嫌気がさしたクリムトは、これを撤回すると同時に、仲間の結集をよびかける。「分離派」の出発である。

クリムトを頭とする、ウィーン分離派は、盛名を馳《は》せた。けれども、その同志ともやがて諍《いさか》い。ついに分離派から脱退する。そののちのクリムトは、「接吻《せっぷん》」や「ダナエ」をもって、広く熱くしられるとおり。でも不満は、複雑に鬱屈しつづける。

2歳違いのウィーンっ子、不本意のグスタフたちが、親しく語りあった形跡はない。だが、百年後となってみれば、不平不満足も人生の隠し味といえようか。仲間らしい連帯感さえもほのみえる。

（上図）グスタフ・クリムト…（1887年、Wiki）

ドビュッシーの20フラン札

東京・京橋のブリヂストン美術館で、「ドビュッシー、音楽と美術」展がはじまった。しゃれた雰囲気の会場に足をふみいれたとたん、一枚の絵に目がとまった。M・バシェ「クロード・ドビュッシーの肖像」。1885年、23歳の作曲家をモデルとした作品である。この画像には、たぶん多くの人たちの記憶がこもっているはず。そう、これは1980年代以来のフランスで、紙幣に刷られていた。20フラン札だ。

そのころのレートでは、ほぼ千円。2、3枚はわたしの財布にも収まっていた。2002年のユーロ導入とともに消えさった。それから10年。そして、ドビュッシーの生誕から今年で150年。

ごく若い作曲家の肖像。そんなものが、国の経済を象徴する紙幣をかざるとは。功なり名とげた老雄の面ではないところが、いかにも誇らしい。

音楽学校を出て、伝統のローマ留学という恩賞をうけたころの相貌という。管弦楽曲「牧神の午後への前奏曲」や、オペラ「ペレアスとメリザンド」など、のちに人びとを興奮させる作品群を、もうしっかりと予告しているかのようだ。

この天才の周辺では、19世紀から20世紀へという時代の移りかわりが、目まぐるしい。印象主義と象徴主義。その両者は、ともにドビュッシーにあつく誘いかけた。けれども、なんとか主義という符丁は、あまり意味をなさなかったらしい。印象派の画家たちや象徴派の詩人たちと、したしく交わりながら、それを音楽という独自の世界のなかに表現した。盟友たちは一喜一憂し、聴衆は喝采。こうするうち、フランスは現代音楽の時代をむかえた。

20フラン札をうけて、ドビュッシーはいまも抜群の人気をほこる。パリの西郊サンジェルマン・アン・レーにある生家は記念館となり、ファンを迎えいれる。現代芸術が、音楽であれ美術であれ、そして文学であれ、フランスでいまも活力をたもっている証左だろう。

(右図)フランスの紙幣のドビュッシー(1997年)

トスカニーニと律儀なイタリア

北イタリアのグルメといえば、まずはパルマの生ハムとパルメザン・チーズ。これをたっぷりと味わったうえで、ちょっと勉強をしておこうという気分になった。パルマの町はずれに、トスカニーニの生家がのこるということだから。

1867年にここで生まれたトスカニーニは、世紀末には指揮者デビュー。おりしも到来したイタリア・オペラのブームに乗り、ミラノのスカラ座ではもう首席指揮者に。黄金のテノール、エンリケ・カルーソをはじめとして、派手な演出とベルカント（甘美な美声）は大人気。

だが、アメリカのオーケストラと共演するうち、そこはかとない疑問が。過度のオペラ偏重や、原作楽譜の軽視はいかがなものかと。のちに、ムッソリーニ政権をきらってアメリカに移住してからは、このトスカニーニの主張はひろく世界の注目をあつめる。20世紀を代表する指揮者との評価をよびおこした。

律儀《りちぎ》なまでに作曲家の意図を重視すること。歌手や奏者の恣意によって、オペラをあまりに奔放に演ずるのは控えるべきだ。さらにあわせて、オペラ

パルマのトスカニーニ生家

2012年8月12日

以外の楽曲、管弦楽などにも応分の注力をもとめること。このふたつは、意外にもみえるが、けっしてイタリアの伝統に反するものではなく、共感もあつめた。

　たとえば、巨匠より12歳年下のレスピーギは、オペラ全盛のなかでも、ロシアで学んだ管弦楽曲に重点をおいた。名高い「ローマ三部作」はその代表である。親交も厚かったトスカニーニは１９２９年、そのうちの「ローマの祭」初演の指揮棒をふった。

　ところで、レスピーギはボローニャ生まれ。そこはパルマからほんの百キロ。そしてヴァイオリンの聖地とされる弦楽器製作者ストラディヴァリのクレモナも、すぐそば。どれも、イタリア音楽の故郷だ。このロンバルディア平原からは、いろいろの古典音楽が生まれでる。ごく当然のそんな事実をたしかめたうえで、恭《うやうや》しくトスカニーニの生家を辞去した。

レスピーギ…イタリアの作曲家・音楽学者・指揮者

ストラディヴァリ…イタリア北西部のクレモナで活動した弦楽器製作者

（上図）トスカニーニ肖像…（Wiki）

鋼鉄の大砲の雄、クルップ

明治6年（1873年）3月6日、日本人参観団がエッセンのクルップ製鉄・製鋼所に入来した。この経緯は、久米邦武『米欧回覧実記』に記述され、岩波文庫に収められている。

ヨーロッパ各国を回覧した岩倉具視全権大使たちに大きな刺激をあたえたのは、プロイセン・ドイツであった。なかでもクルップ工場見学は、じつに詳細な記録。たいそう感銘をうけたものとみえる。

くわしくは、本文を参照していただきたいが、ごく一部だけ現代語訳して引用しよう。「アルフレート・クルップ氏は、ここに銃砲製造の業を創めて大製鉄場を起こし、最近十年来、しきりに盛大をきわめて世界無双の大作業所となった。英国で製鉄の業が盛んだとはいっても、これに及ぶ大工場はない。」

つとに強調されるとおり、この参観団の視察が、明治日本の方向を決定したといっても過言ではない。なかでも、クルップ社での原体験が。同家は19世紀初頭に、ルール地方のエッセンで創業。始祖をついだアルフレートの代には、巨大な企業体に成長する。岩倉使節団を接待するのは、この当主である。

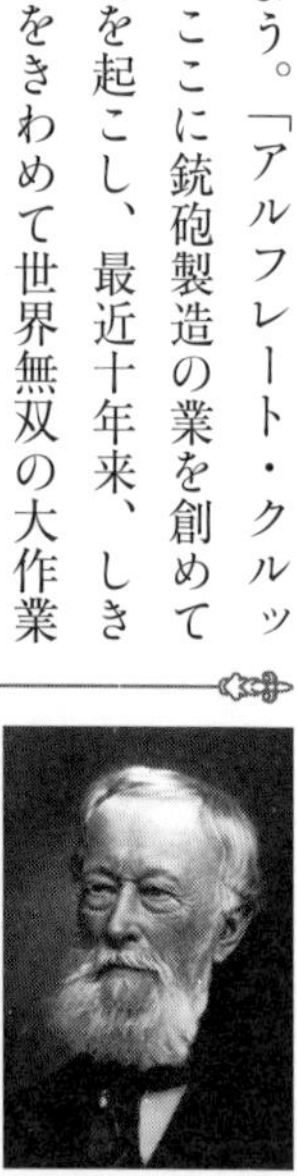
（右図）クルップ肖像…（Wiki）

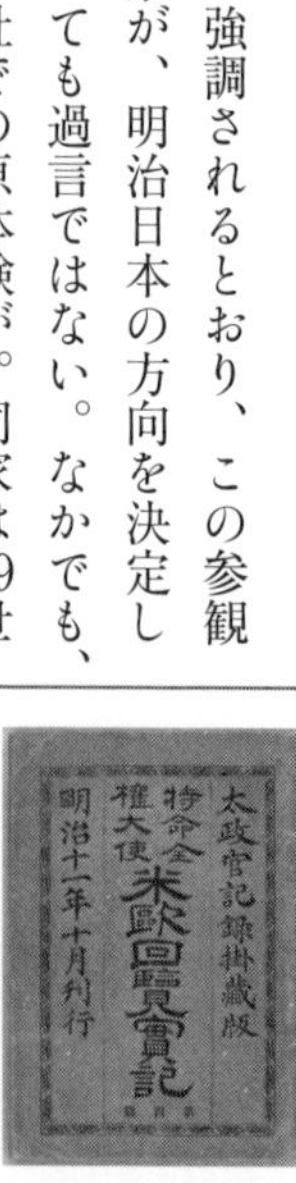

（右図）『米欧回覧実記』第四篇…（明治11年、印刷博物館）

2012年8月19日

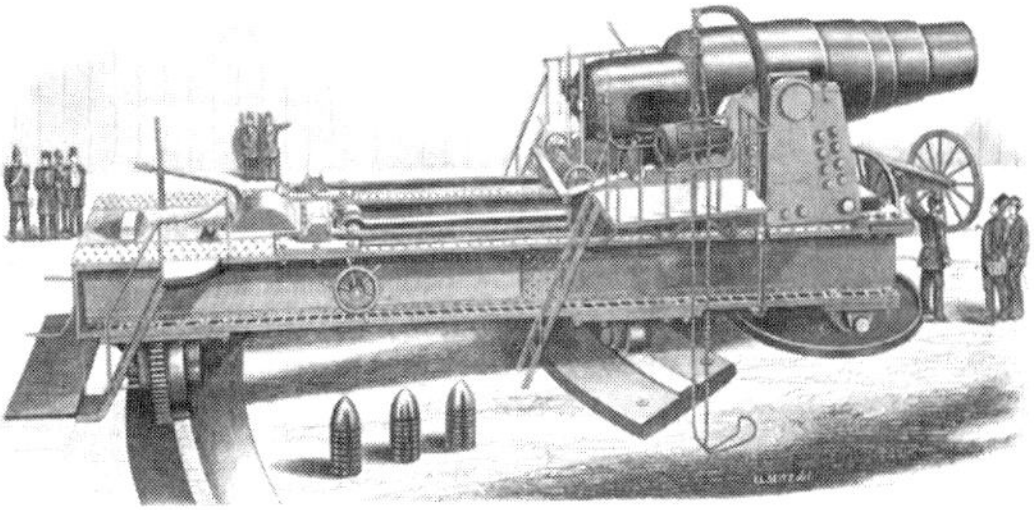

（上図）1867年のパリ万国博覧会で展示されたクルップ砲…重さは50トンで、クルップ社は銑製造能力の大看板として使用した（1870年、Scientific American）

製鉄、そしてすぐに製鋼へ。鉄道から造船、機械、そしてついに銃砲・大砲の武器製造へ。先行する英国に、ドイツは世紀なかばすぎには追いつこうとする。クルップ社は、むろんその頭目だ。なかでも、国家間の実戦で雌雄を決するのは、大砲の性能であった。

英国は開発されたばかりのアームストロング砲。しかし、ドイツのクルップ砲が上回った。ドイツ製の鋼鉄が、英国の青銅製を圧倒したのである。プロイセンはビスマルク宰相とモルトケ将軍のもと、クルップの「大砲」術をもって、ヨーロッパを睥睨《へいげい》する。

クルップ社は、そののち重工業の巨大コングロマリットとして、ドイツと運命をともにする。二つの世界大戦の敗北を経過したうえで、21世紀のいまもなお、形態をかえてエッセン市に健在である。

モンゴルフィエ兄弟と空飛ぶ夢

空を飛びたいとの願望。誰だって考えそう。でも容易ではない。レオナルド・ダ・ヴィンチは、鳥の飛翔《ひしょう》を観察してそれを人間に応用できるとみた。かの天才でも、不成功。

18世紀のフランス人が、そのむこうをはって突飛《とっぴ》なアイディアを提起した。紙・布製の丈夫で大きな袋をつくり、焚火《たきび》の煙を充満すると、袋は天空に浮遊するはずだと。これは、飛翔とはいわないが、人類の夢想の一端を実現することになるだろう。

リヨンにちかい町で、紙屋さんのモンゴルフィエ兄弟がこれに挑戦した。1783年6月。まず無人で、たった10分間の滞空。それでも中空にのぼり、2キロも移動した。これが史上初の気球実験である。噂をきいた国王、つまりのちに大革命で落命するはずのルイ16世が、兄弟を招待する。同年9月に

（上図）モンゴルフィエ兄弟の気球…（1783年の気球飛行に関する1786年の説明）

2012年8月26日

は、ヴェルサイユで成功。つぎには、有人飛行へ。パリの町は騒然となったという。目撃図までのこっている。

人騒がせだった。飛行は危険だというので、重罪の受刑者が搭乗にひきだされたとか。または、最初の飛行者の栄誉をうけようと、勇気ある男が名乗りでたとも。ともあれ、18世紀末には、気球による飛行が可能になった。やがては熱気球ではなく、水素気球によって安全を期することもできた。こうした一連の発明は、とりわけフランス人を熱狂させた。19世紀中葉には、フランス人ジファールが、飛行船を考案。つまり、推進力と操縦性をそなえた気球である。

そんなわけだから、気球で80日間世界一周をなしとげようなどという愉快な冒険まで生まれる。フランス人ジュール・ヴェルヌの小説だ。

アメリカ人ライト兄弟の発明はのちのことだが、飛行機時代となってからもなお、フランスはその産業にあって、世界有数の実力を誇っている。それほどに、みなモンゴルフィエ兄弟の末裔《まつえい》だと意識しているかのようなのだ。

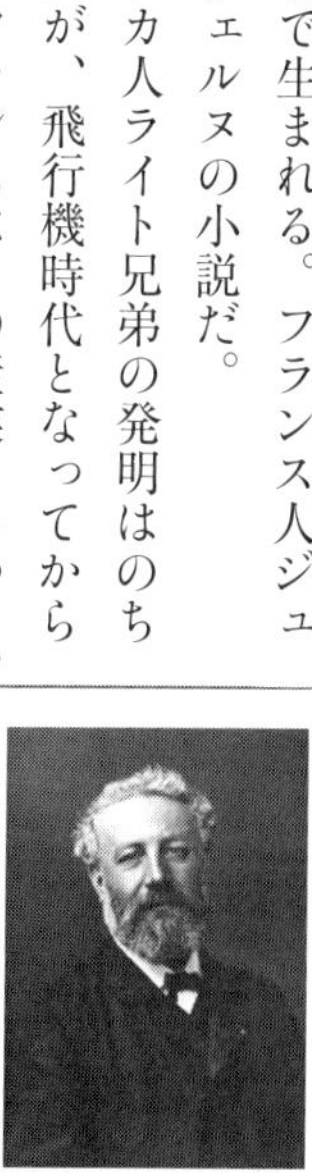

（右図）ジュール・ヴェルヌ…（1878年、写真家で飛行研究家の友人ナダールによる撮影）

ギネス、ビールより有名な世界記録集

日本でもこのところ、さまざまな地ビールがうまれ、味を楽しめるようになった。さはいえ、まだ種類はごく限られている。けれども、ヨーロッパ諸国では、なんというバラエティー。たとえば、アイルランドの黒スタウトをとりあげてみよう。イギリスの支配下の時代に登場したブランドは、ギネスという。

発案者はアーサー・ギネス。30歳のころ創業し、1759年に、首都ダブリンに移って工場を建設。なんでもこのときすでに先をみこして、約16ヘクタールの土地を9千年契約で賃借したという。

アーサーは、原料の大麦を蒸したのちに挽《ひ》き割って焦がし、独特の色と味を加えた。英語では黒スタウトとよばれる。炭酸ガスのほか、窒素ガスがくわわって、まろやかな舌ざわりとなる。

アーサーは、アイルランドに土着したゲール人。その民族としての個性を尊重しようと志したが、プロテスタント信徒であり、イギリスからの独立を望むほどではない。穏和《おんわ》な人柄は、しかしいかにもユニークな事業家。

ダブリンのセント・ジェームズ・ゲ

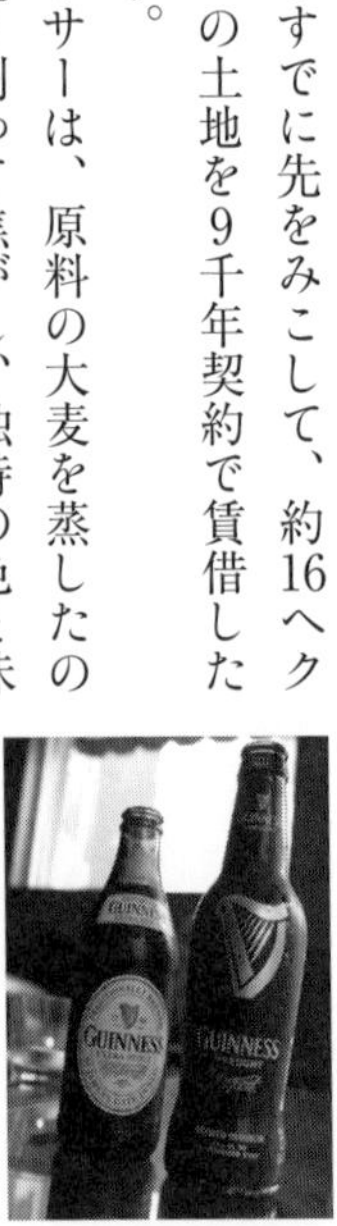

（右図）ギネスビール…
（Wiki）

2012年9月2日

ートを拠点に、ロンドンへも進出。子孫たちはさらに旺盛に事業拡大。商品にも、独特の工夫がこらされた。たとえば、ギネス・スタウトの缶には、特製のボールが入っており、空になるとカタカタと鳴るが、これが特有の効果を発揮するのだとか。こうしてギネス・ビールは、アイルランドの代名詞になっていった。

　加えて、ギネス社の社会貢献方策。アーサーが設立した財団は、企業利益の一部を受けてコミュニティ活動に精出す。ダブリンの工場では、ストアハウスなる見学施設をもうけて、客でにぎわう。この精神は、たしかにアイルランドらしい人間愛の発現といえようか。

　でも最大のヒットは、「世界記録集」の出版だろう。ひょんな経緯で20世紀なかばに始まった刊行は、現在では世界中に愛読者が。「ギネスブック」は本業よりも有名かもしれない。

（右図）ギネス・ストアハウス内部

独の勤勉な旅行本　ベデガー

旅行用のガイドブックには、それぞれのお国ぶりがでて、おもしろい。日本のものは、どれも色彩ゆたかだが、あまりにグルメとショッピングが優越して、首をひねる人もいる。フランスを代表するミシュランは、タイヤ会社の出版ということもあって、自動車で観光することを前提にしている。このため、徒歩の客にはとても冷たい、という感想がありうるだろう。

ドイツはといえば、迷うことなくベデカー。もっとも、近年は、ほかにも便利なものもあると、お断りはしておこう。ベデカーが創刊されたのは、1828年のこと。刊行者はカール・ベデカー。ライン川畔のコブレンツで、27歳のベデカーは、まずその流域地域の旅行案内書にとりかかる。ついでは、隣接地、さらにはベルギー・オランダと拡《ひろ》げていった。やがては世界中にむけて。だが、それだけならば、先行の類書もなくはない。ベデカーの切れ味はといえば……。

自分で踏査してみせた。教会の塔にのぼるときは、石段の数を正確にかぞえようと、豆粒を目印においたほどという。ホテルからレストラン、交通手段まで、必要な情報は過不足なく提供

（右図）カール・ベデカー肖像…（19世紀、Wiki）

2012年9月9日

される。星印をもって、評価をしるすことも忘れずに。

ベデカーの旅案内書は、その信頼性ゆえに、大きな歓呼をもって迎えられた。おりしも19世紀なかごろ、鉄道の敷設とともに、旅行はブームをきたしていたものだから。

しかも、ドイツ人らしい特徴がついてくる。中流階層の誠実と勤勉。ガイドブックには、きちんと土地の歴史や地理などの教養が列記され、読者はその教養を旅先まで持参した。

いまでも、生真面目なドイツ人が、赤表紙に金文字という伝統の装丁のベデカーに読みふける姿が、あちこちで見られるはず。お手本としたいとはいえ、われら日本人には、ちょっと荷が重すぎる感じがするけれども。

（上図）1937年のベデガー「イギリス版」…（Wiki）

ドイツの旧ロスチャイルド邸

　昨今のヨーロッパ金融危機は、ギリシアやスペインを現場とするが、他方でこれを統括するのは、もちろん欧州中央銀行。その本拠は、ドイツのフランクフルト・アム・マインにある。鋭く天にのびた塔ですぐにわかる。

　この銀行本社から、徒歩でほんの数分。マイン川に面した、しゃれた小振りの4階家。ちいさくユダヤ博物館と看板がかかる。これは、大財閥ロートシルト家の、旧宅のひとつだった。両者のあまりに鮮やかな対比。

　ドイツにやってきたユダヤ人の系譜である。こぢんまりとした両替商をはじめた同家のマイアーと、その子ナターン。ナポレオン戦争にまきこまれようとするころの1798年。まだ21歳のナターンは、イギリスのマンチェスターに移住する。ついでロンドンへ。ナターン・ロートシルトというドイツ語読みは、ネイサン・ロスチャイルドという英語読みにかわる。独特の金融感覚で、ナポレオンの擡頭《たいとう》と没落を好機として利用した。こうして投資益を手にして、ユダヤ人資本の声価を不動のものとする。

　ロスチャイルド家のその後の巨富はといえば、まずはロンドンを本拠とし

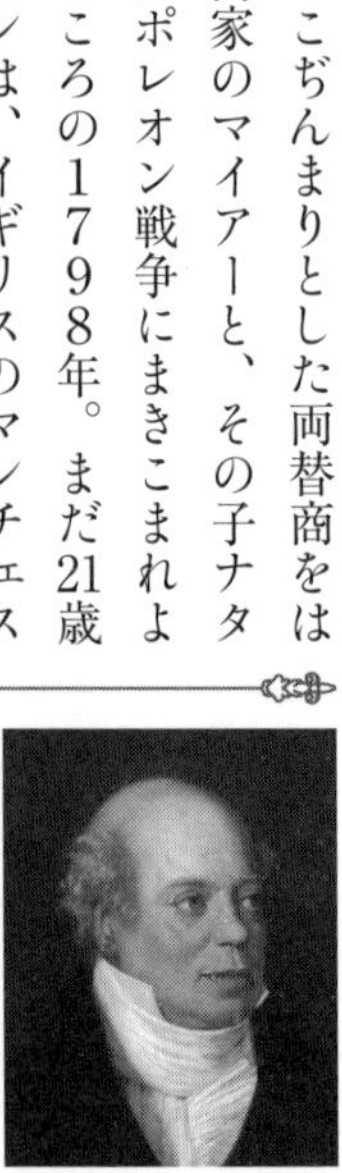

（右図）ネイサン・ロスチャイルド肖像…（モリッツ・ダニエル・オッペンハイム作、1853年）

2012年9月16日

たネイサンとその末裔《まつえい》たち。そしてフランスに居をかまえ、金融ばかりかボルドーでブドウ畑を入手し、ワインの名品をうんだ人たち。あるいは、スイスの金融株を入手して、この中立国に安定した財産を築いた一脈。みな、ヨーロッパ各国を股にかけて、ユダヤ資本のネットワークを構築した。

それではネイサンの母郷フランクフルトはどうしたのか。ドイツへの関心は、ロスチャイルド家にとっては、副次的となったようだ。それでも、フランクフルトの旧居は、ふしぎな位置から、中央銀行の金融政策の成否を見守っている。ロンドンやスイスというかれらの本拠地が、みなユーロ圏の外におかれているものだから、なおさらロスチャイルド家の現動向が注目される。

フランクフルトのユダヤ博物館
（2011年）

メッテルニヒ、勢力均衡の保障人

1814年9月、ウィーンの王宮において、列国会議が開会した。ふつう、ウィーン会議とよばれる。全ヨーロッパを混迷におとしこんだナポレオン戦争の終息をうけて、秩序回復をめざす講和会議。

全ヨーロッパからの参加国により規模は壮大。しかし予想されたとおり、会議は結論をえぬまま、ひたすら時間を空費する。参加者たちは、ウィーンの王宮で毎夜、宴会と舞踏に興ずるばかり。「会議は踊る、されど進まず」とくさされたとおりである。配流のナポレオンが島を脱出したとのニュースをきき、会議は慌ただしく結論をしためた。「ウィーン議定書」である。

これを主宰したのは、オーストリア政府首相・外相メッテルニヒ。貴族の系譜につらなり、政府の要職をつとめてきた練達の政治家である。その理念はといえば、ヨーロッパの旧状回復。そして、関係諸国のあいだの勢力均衡。こんな原則が、ともかくも受けいれられたのは、その図抜けた現実感覚と策謀のおかげであった。それは、ドイツとヨーロッパを構成する諸政治勢力をよく観察した賜物。さすがは、神聖ロ

2012年9月23日

ーマ帝国をいとなんできた帝都ウィーンだけのことはある。

ただし、帝国はすでにナポレオンによって解体された。けれども、メッテルニヒにとって、その皇帝のような絶対の主導者はもう無用。オーストリアはプロイセンと協調したうえで、ドイツにあっても、そしてヨーロッパにあっても、優勢をたもちつつ、勢力均衡の保障人となれば十分。こうした透徹した見通しがあってこそ、そののち30年あまりにわたり、ヨーロッパの安定をささえたのであった。実際には、このウィーン体制は、中小勢力の改革機運を抑圧する、超保守的な体制であり、不安要素はいくえにもあったとしても。

しかし、ウィーン会議でメッテルニヒと対峙したのは、ダンスに没頭する均衡主義者だけではなかったことを、忘れまい。つぎに、その一端をさぐってみよう。

(上図)メッテルニヒ肖像…(アーサー・ローレンス作、LC)

プレイボーイ仏外相タレーラン

ナポレオン没落後のウィーン会議にあって、オーストリア宰相メッテルニヒのむこうを張り、フランス国家の擁護につとめたのは、タレーラン・ペリゴールである。幼時に脚をいためたため、神学校におくられた。これが、運のむきはじめ。1788年、34歳にしてもうオータン司教に任じられる。そこへ、フランス大革命が。国民議会の聖職議員として政界へ進出。だが急進派に所属して、ローマ教皇の逆鱗《げきりん》にふれ、教会陣営を離脱する。外交官となって表舞台へ。

やがてナポレオン政府で、外相としての重用がまっている。けれど、その独裁ぶりには肌があわず、辞任。ところが、皇帝の没落ののちには、新政府からまた外相職の申し出がやってくる。こうして、1814年、ウィーン会議

（上図）タレーラン肖像…（ピエール＝ポール・プリュードン、19世紀、ヴァランセ城）

2012年9月30日

のフランス政府代表に就任。かつて、パリで相識った強面《こわもて》のメッテルニヒを相手に、力くらべの舞台にのぼった。

ほんとうはタレーランは、古風な国際政治に共感がもてない。ただしウィーンでは、ダンスには夢中だったのではあるまいか。それというのも、この外相は美食家にして、生まれながらのプレイボーイ。こまめに女性に流し目をおくっただろう。なんでも、政府への出仕前には人妻と懇ろになり、男児をなさせたとか。その子はのちに、ロマン派の画家ドラクロワを名乗ったと信じられている。

むろん、フランス全権代表として、ウィーン会議ではしっかりと国益を保全した。革命前の旧状復帰につとめ、それあって首相の地位にものぼった。けれども、すぐに下野したうえでは、貴族院議員として、さかんに王政批判の自由主義陣営から声を発した。なにせ、庶子ドラクロワは、のちの七月革命にあって、「民衆を導く自由の女神」なる、反乱讃美の話題作を発表するほどだから。

大国フランスの全権代表にして、このありさま。ウィーン会議の各国代表には、プレイボーイのほかにも、意外な人物がわんさかといたはずである。

チャルトリスキの大亡命

ナポレオン戦争の戦後処理のために開かれたウィーン会議。各国の代表団関係者のなかには、さまざまな人物がいた。ロシアからは、皇帝アレクサンドル1世。ほかに、直接の代表ではないが、元外相のチャルトリスキが、場外から情報を送ってくる。

チャルトリスキは、もとはポーランド出身。複雑な経緯だった。若くして生地をはなれ、西欧諸国に滞在。帰国すると、ポーランドはプロイセン、オーストリア、ロシアの3国によって分割されてしまい、当人はロシアに人質として送られる。そこで皇帝アレクサンドル1世の知己をえて、重用される好運に。1804年、ロシア帝国の外相に就任。

チャルトリスキの思惑にあっては、ロシアの支援のもと、ポーランドはプロイセンの軛《くびき》から解放されるはず。ひそかに、そのための策を練る。残念ながら、皇帝と気まずくなって退任したとはいえ、国際ドラマは大団円をむかえそう。

やがてナポレオンのロシア遠征と、雪中の退却。こうして1814年、ウィーン会議がやってくる。皇帝たちは、諸国代表との丁々発止のさぐりあい。

2012年10月7日

チャルトリスキにとっては、結果は吉とでた。ポーランドの一部は、ロシアの保護下に独立を承認される。勢力均衡という原則の狭間《はざま》をかいくぐって、みごとな外交成果がおさめられた。

でも後日談が長い。チャルトリスキは、新生のポーランド政府に登用されるが冷遇。15年後に、故国では外国支配に抗《あらが》って反乱蜂起がおきるが、たやすく鎮圧される。チャルトリスキはパリへ脱出。セーヌ川のサン・ルイ島にあるランベール館に亡命政府を樹立し、首相に指名された。「大亡命」の名で記憶されている。

なんとそれから30年間、チャルトリスキは多数のポーランド人僚友にかこまれ、パリで亡命暮らしをつづけて、１８６１年、91歳で没した。それにしても、ややこしい国際関係のなかを、よくも生きぬいたものだ。ウィーン会議周辺ＯＢの星とでもいいたい。

（上図）チャルトリスキ肖像…（Wiki）

清朝の宮廷画家
カスティリオーネ

5年前のことだが、台北の故宮博物院で、清朝の雍正帝《ようせいてい》の時代をテーマとする展覧会があった。直前の康熙帝《こうきてい》と、直後の乾隆帝《けんりゅうてい》にはさまれて、いたって影のうすい時代を盛りあげようという。

さあ、チャンスがとうとうやってきた。どうしても見たい絵画作品がある。郎世寧《ろうせねい》の絹本着色「百駿図」である。いくども原寸レプリカは見たし、縮小複製もある。けれども原画が、はじめて見られる。なにしろ95×776センチの超特大絵巻ということだ。

博物院の人混みのなかで対面した「百駿図」は、予想をこえた華麗な画面。100頭の馬が、それぞれの姿態をとって、原野と水辺に遊んでいる。ただし、伝統中国の作品とはちがい、遠近法とリアリズム表現は、まさしく西洋絵画だ。

それもそのはず。郎世寧とは、イタリア人画家ジュゼッペ・カスティリオーネのこと。雍正帝の愛顧をうけ、皇帝の夏離宮である承徳（熱河）近辺で、この大作をものした。1728年である。ヨーロッパの画法をもって、中国の情景をえがいた。東西が出会った、最初にして最高の作品のひとつだ。

雍正帝…八旗制の改革や軍機処を創設し、君主独裁を強化した

乾隆帝…1711～99、清朝第6代皇帝。『四庫全書』の編集など学術を奨励する半面、禁書・文字の獄など思想弾圧を行った

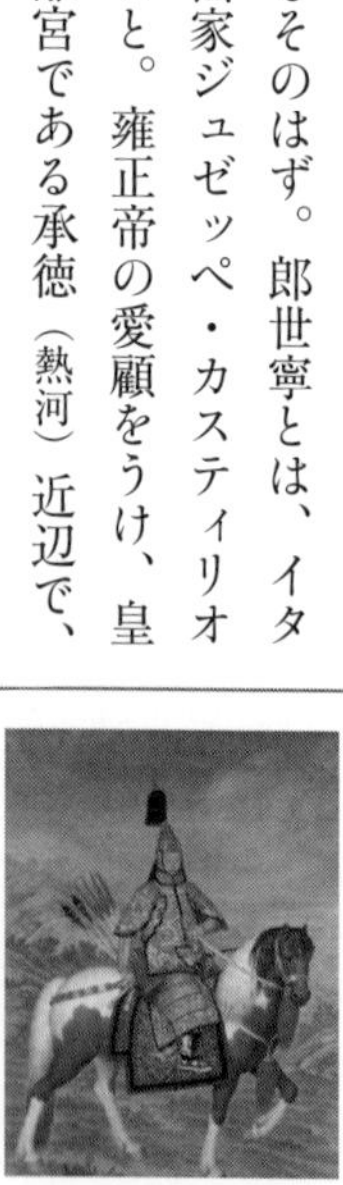

（右図）儀礼用甲冑を着けた乾隆帝…（カスティリオーネ作、故宮博物院・台北）

ミラノに生まれたカスティリオーネは、イエズス会にはいり、絵の勉強。伝道の用務で中国に派遣される。歓待されて、たちどころに宮廷御用画家に。

　生来の欧風技法と、注文される華風素材とのあいだで、ジレンマに苦しんだ。だがたくみな折衷と処世術。やがて花鳥画から人物画、風景画にいたるまで、イエズス会風を確立してしまう。つぎの乾隆帝時代には、さらに重用される。北京の離宮である円明園には、郎世寧と仲間たちの合作である洋館も加わった。こうしてイエズス会の文化政策は大成功をおさめた。

　郎世寧の作品はあまりに数多く、しかも長期間におよんでおり、紹介も研究も難事だ。まずは、王凱『紫禁城の西洋人画家』（２００９年）を参照したい。著者は現代の中国人画家・美術史家。日本語による博士論文である。

（上図）百駿図…
（カスティリオーネ作、故宮博物院・台北）

キルヒャー　超人的なエジプト誤読

古代エジプトで公式文書に使用された象形文字は、ヒエログリフ（聖刻文字）とよばれる。出土したロゼッタ・ストーンをもとに、フランスの言語学者シャンポリオンによって、19世紀に解読された。だが、それに先だつこと1世紀半、すでにその解読に挑んだ学者がいた。その経緯は、あらましこうだ。

古代エジプト語は、紀元前後には消滅にむかい、やがて侵入したアラブ人によって、放逐されてしまった。しかし、その基本はコプト語の名のもとに、おもに領内のキリスト教徒の手で保存されていった。そのコプト語文書がヨーロッパ人の手にわたり、語彙と文法の分析がはじまるのはのちのこと。でも、コプト語からさかのぼれば、エジプト語の聖刻文字を解明できるはず。

この発想を推進したのは、キルヒャーというイエズス会士。ドイツに生まれ、諸学の研鑽《けんさん》をつんだのち、1638年にはローマ市にやってきた。そこには、いくつものエジプト・オベリスクが搬入されており、ヒエログリフが書かれている。コプト語を下敷きとして読もうとした。その作戦は、みごとに妥当だ。だが、残念ながら、結果は

コプト語…コプト語は、ヘレニズム文化の中心都市アレクサンドリアの市民をはじめとする当時の支配層・エリート層が使うギリシア語（上位言語）に対する、民衆の口語（下位言語）から発達した

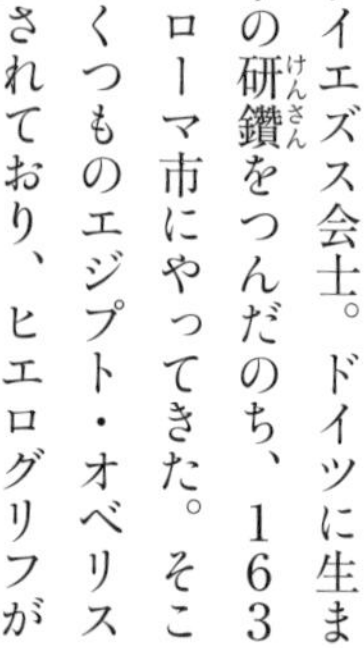

（右図）キルヒャー肖像…（1665年、コルネリス・ブルーマート、ゲルマン国立博物館）

誤読であることが、のちにシャンポリオンの解読で判明した。誤りは、象形文字の神秘に幻惑されすぎたためだ。

まるっきり独断家だったのか。いや、じつは途方もない大学者だったのだ。諸言語を解し、万巻の書から魔術と真理を掘りだした。理屈ばかりではない。拡声器や幻灯機の発明は、このひとの功績というから。なんという、超人ぶり。『エジプトのエディプス』は、その辛苦の著作。ヒエログリフの「解読」結果とともに、エジプトを起源とする人類文明の発達史も、論述される。それによれば、中国の漢字もエジプトから伝播《でんぱ》したものとか。これも誤解だが、世界と人間を一望のもとにおさめようとする試みは、けっして無謀な勘違いではない。ちょうど同時代のデカルトが、科学の名のもとに突貫したのとおなじ道なのだから。

ヒエログリフ…ヒエラティック、デモティックと並んで古代エジプトで使われた3種のエジプト文字のうちの1つ

（左図）ポポロ広場のオベリスク…（ローマ）

ヘディンの探検
地理学が背中を押す

19世紀の末年から、20世紀初頭は、はなやかな探検時代だった。北極探検は、スウェーデン人ノルデンショルドによって幕が切りおとされた。アメリカ人ピアリーが1909年に北極点に到達。ついで、ノルウェーのアムンゼンとイギリスのスコットの南極先陣争い。

シルクロードでの競争は、ドイツの地理学者リヒトホーフェンが、この名称を創作してから熱気をおびた。スヴェン・ヘディンは、そのまっただなかに生きた。その人となりは……。

でも、その前にひと言。極地探検には日本人・白瀬矗《のぶ》が参戦し、1910年には南極にむかう。シルクロードには、大谷光瑞が登場。じつは日本も国際競争の当事者だったわけだ。

さて、ヘディンという人。1865年、スウェーデン生まれ。北極探検のノルデンショルドを尊敬し、シルクロードのリヒトホーフェンに私淑した。

こうして準備万端、1893年からチャンスをとらえて、東方にむかう。中央アジアをはじめ、チベット・中国へと。4回にわたる遠征は、1930年代にまでおよんだ。フランスのペリオ、

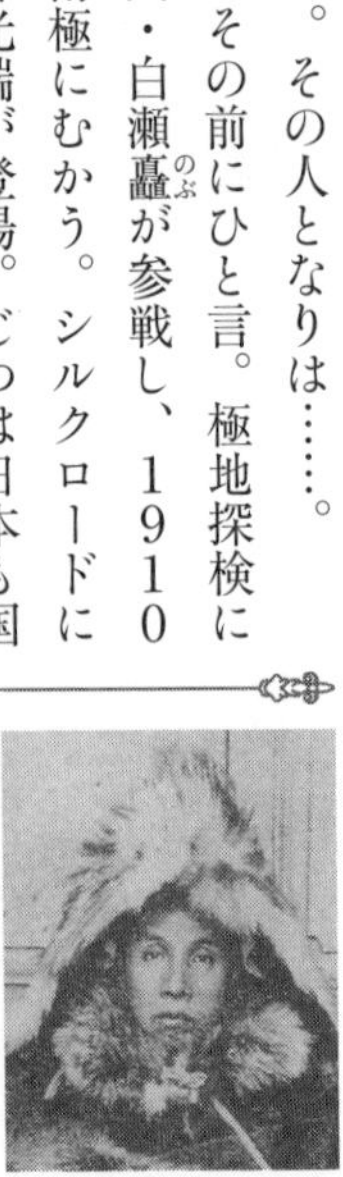

（右図）白瀬矗《のぶ》…日本の陸軍軍人。日本人で初めて南極を探検した白瀬隊の隊長（Wiki）

大谷光瑞…日本の宗教家（僧）・探検家

2012年10月28日

イギリスのスタイン、ロシアのプルジェワルスキー、そして日本の大谷と、強力なライバルたちと競り合いながら。

なんといっても感動的なのは、桜蘭の発見だろう。ヘディンは、シルクロードのどまんなか、タリム盆地の砂漠に埋もれたオアシス都市を発掘し、遺物と文書を大量に出土させた。疑いなく、最高のシルクロード学者となった。

では、いったい何がヘディンの背中をおしたのか。スウェーデン人としてのヴァイキング魂か。もっとも、それは千年も昔のことだけど。

それよりも、専門とする地理学。地質学、生物学から考古学・歴史学まで、それを総合する学としての地理学を体得して、シルクロードにむかった。そんな総合学が、もっとも輝いていたころ。それは探検家たちにとっても、至福の時代だった。

（上図）探検家スヴェン・ヘディン…（LC）

ブロンテ姉妹の孤独と妄想

21世紀のいま、もうそんな時代ではと思っていたのに、ミュージカル『ジェーン・エア』が東京の舞台で評判だった。たしかに女性の自己拡張という標語は、ちょっと読みかたをかえれば、なおも未来を志向しているはず。

1847年のことだった。イングランドの僻村《へきそん》から、カラー・ベルなる男性名でおくられた小説。じつは、シャーロット・ブロンテという無名の女性作家の作品だった。いささか甘美にすぎる自伝風小説は、情熱という衣装をまとって、反響をよびおこした。いまもそれは、賞味期限を過ぎてはいない。

だがおなじときに、その妹たちが、それぞれエリスとアクトンの偽名で発表した作品のほうは、ほとんど関心をひかなかったようだ。前者は『嵐が丘』、後者は『アグネス・グレー』と

(上図) 3姉妹の肖像画…左からアン、エミリー、シャーロット。元々エミリーとシャーロットの間にはブランウェルが描かれていたが、画家自身の手により塗り潰された(長男ブランウェル作、1835年頃、NPG)

2012年11月4日

いう。なかでも本名エミリー・ブロンテによる前者は、しばらくのちになって評価がたかまり、ついにはイギリス文学の最高峰とまで、称されるようになったが。

そこにいたる経緯は、おおむねこういうことだ。北イングランドの寒村ホーワスに来任した牧師パトリック・ブランティ。綴《つづ》りをブロンテと変更し、6人の児をなした。無事、成人した4人のうち、3姉妹は作家をめざす。

だが、寒風にさらされる村と荒野は、姉妹たちを孤独と妄想に走らせるばかり。そこから、主人公ジェーン・エアの、ひたすらの男性恋慕と自由追求がはじまる。あるいは、嵐も吹きすさぶワザリングハイツで、身分卑しい男ヒースクリフの、奇抜で突発的な執念と復讐《ふくしゅう》の行動がよびおこされる。むろん、筆のうえでだ。

19世紀イギリスは女性の時代だったのか。なにせ、女王ヴィクトリアの治世だ。けれども、男性名でなければ、小説の出版も困難なころ。ブロンテ姉妹の挑戦は、ようやくにして応答に出会いはじめたかのようだ。ともに40歳にもみたぬ生涯をおえた薄幸の姉妹たちは、世紀の敷居をこえていまもまぶしい。

ジョルジュ・サンド、類いまれな行動力

承前でお願いしよう。イギリスでブロンテ姉妹が、女性文学の営みを証明しようと、デビュー作を発表した1847年のことだった。

対岸のフランスでは、ジョルジュ・サンドが失意の決断を迫られていた。ながらくの同居ののち、作曲家ショパンと別離を余儀なくされる。ときに43歳。地中海のマヨルカ島での蜜月から、生地のノアンでの蟄居《ちっきょ》まで、10年間におよぶ日々だった。

思いかえせば、地方貴族夫人の地位をすて、離縁してパリに上京したのは、27歳のころ。小説家としてのデビューでもある。男性名を偽装したブロンテと似て、なんと男装し本名をかくして、男性名を自称する。ジョルジュとは、もとはフランスでは男性名。当然ながら、この行動はスキャンダルとなる。

これについでは、作家ミュッセとの熱愛。そのあとには、ポーランドからやってきた優男ショパンとの同棲《どうせい》。たぶん、浮いた話は、これだけではなかったはずだ。

ともあれ、その活動の熱さといえば、驚くべきもの。病に苦しむショパンの世話だけでも、たいへんな献身ぶりだ

2012年11月11日

ったという。くわえて、文学者としての情熱は、ただごとではない。

その流儀はといえば、まずはじめには、恋愛至上主義を唱えて。つぎには、人道主義的な文学理想をかかげ、社会正義の実現に身を託す。さらに1850年代には、ひるがえって田園賛美のすてきな短編をものした。社会正義から生活実践まで、公私ともども、なんという行動力といったらいいのか。

まだまだ、女性の自由奔放にたいして、厳しい時代。イギリスのブロンテ姉妹が、想像力に頼った女性拡張であったとすれば、サンドのほうは男性名をかかげての、行動力全開の驀進《ばくしん》だった。しかも、晩年になると生地にもどり、平穏な田園生活で長寿を楽しんだという。海峡のむこうの姉妹とは、なんという違い！

（上図）ジョルジュ・サンド肖像…（1838年、オーギュスト・シャルパンティエ作、ロマンチック生活博物館）

修道尼ヒルデガルトの神秘体験

このところカトリック教会では、ちょっとしたヒルデガルト・ブームのようだ。

なぜかといって、この中世の修道尼は、没後830年あまりたって、ようやく列聖相当と認められたから。しかも、ヒルデガルトの名を冠した星が、つい先日、地球に接近したという。小惑星898番だそうだ。

この話題沸騰とは、いったいなんだろう。ヒルデガルトは、卓抜の中世神秘思想家であった。ドイツはライン川中流、ビンゲンとその周辺を活動域とした。ベネディクト修道会に入り、修行するうち、特異な神秘体験をつみかさねた。眼《め》の前に、幻が光とともに、図像となって出現し、聖書の記述をイメージでさししめすという。その具体性といったら、半端なものではない。

それを報告する著作が注目された。ただの幻視といって嘲るような時代ではなかったのだ。その体験談を聞こうと、ライン川のビンゲンには尼僧と信徒たちが訪ねてきた。たぶん、キリスト教世界でも、もっとも鋭敏な神秘家のひとりといえる。

このことが、ことさら強調されるようになったのは、女性の時代という21

ベネディクト修道会…ベネディクトゥス（英語名ベネディクト）の修道会規にもとづくカトリック教会の修道会のひとつ

2012年11月18日

世紀がやってきたからだろうか。ヒルデガルトがみた聖書の幻像は、男性の感受性によるものとはことなる性格なのかもしれないと。

だが、それにしてもどうだろう。この尼僧は、卓抜の著作者であるとともに、薬草学のエキスパートであり、痛みと病を癒《いや》す先達でもある。いや、70曲におよぶ典礼歌をつくる音楽家としても、驚異の才をしめした。

1179年に81歳で没したヒルデガルトの魂は、いまもライン川の谷に憩うているはず。もっとも現在のビンゲンは、ライン下りの観光船でにぎわい、その周囲では、ライン・ワインのためのブドウ畑が斜面たかく拡《ひろ》がる。はたして神秘の体験は、なおも活《い》きつづけていくだろうか。ちょっと不安だ。

（左図）『Scivias（道を知れ）』の口絵…ヒルデガルトが幻視を受け、僧ヴォルマーに口述し、蝋板にスケッチする様子を描いている

驚異のスーパー王妃アリエノール

アキテーヌのアリエノール。疑いもなく、ヨーロッパ中世でもっとも勇敢なスーパーレディである。

南・西フランスで、アキテーヌ、ガスコーニュなど大所領を相続した当主だったが、ゆえあって、フランス王室のルイと結婚。ところが、義父の急死によってルイは王位に、アリエノールは王妃に。わずか15歳だ。そこで、にわかに十字軍の遠征に夫婦で参加し、男そのものの騎士たちと苦難の船旅と戦闘を体験した。だが旅先では喧嘩《けんか》ばかり。帰国したうえで、離縁。涙も乾かぬうちに再婚へと。

こんどは、アンジュー、ノルマンディを領する貴族の男アンリのもとへ。ところが、なんたることか、このアンリは相続権の関係で、1154年にはイングランドの王位をも受けついで、ヘンリー2世となってしまう。妻アリエノールは今度は、イングランド王妃に転じた。こうして、時間差をはさんで二冠を獲得したわけだ。

さて、アリエノールの美貌と才知。フランス貴族の宮廷にあっては、慕いくる男たちを手玉にとり、恋愛遊戯をくりひろげた。とはいえ、イングラン

2012年11月25日

ドの王宮では、いつも夫ヘンリーと張りあい、息子たちを敵味方にわけての権力闘争。敗れては、15年間も軟禁生活を我慢するはめにと。

くじけない王妃は、夫の死をこえ、それどころかあらましの息子たちよりも長生きして、イングランド政治のゆくえを見とどけた。若いジョンばかりは、生きのびた男児だが、王となっては失政つづき。「マグナ・カルタ」を承認させられるのは、そのきわみである。

粘りづよい驚異の心根。それをもって、海峡をはさむ両国の王妃を名乗りつづけた。そんなものだから、現代になっても、いくつもの芝居や映画に脚色されて、名女優たちをおどらせた。キャサリン・ヘップバーンから岸田今日子まで。アリエノール・ダキテーヌ、そんなスーパー王妃の一代記である。

（上図）アリエノール王妃……（フレデリック・サンズ作、1858年、カーディフ国立博物館）

メンデレーエフ、ロシアの黄金期体現

今年から来年にかけて、全国各地で巡回している「レーピン展」。そこで、ご覧になった方もおいでだろうか。ロシアを代表する画家による肖像画が、なまなましい過去をうかがわせてくれる。トルストイもムソルグスキーも。

カタログを見て、ことにきわだつのは、「化学者メンデレーエフの肖像」だ。1885年作とある。濃いオレンジ色のガウン。初老の化学者は、たっぷりと髭《ひげ》をたくわえ、ロシア伝統の賢人として、古書をひもといている。このとき、51歳。作家や音楽家とともに、ロシア近代の黄金期を体現する。近代は、北方の帝国にしっかりと根づいたのだ。

その15年ほど前のことだった。化学者らしく、物質の基礎をなす分子や原子の仕組みを解きあかそうと腐心して

（上図）エディンバラ大学教授のローブを着た化学者メンデレーエフ肖像…（イリヤ・レーピン作、1885年、国立トレチャコフ美術館）

2012年12月2日

いた。夢のなかでの着想だともいわれる。

いまでは、元素の周期律表とよばれる図表へ。既知の元素を、質量順にならべてみる。左右に近接したものは、よく似た性質を示す。でも、さらに2次元に展開して振りあてると、上下の共通欄には、もっと緊密な相互関係が。

まずは仮想の表を立案してみる。鉛筆をなめなめ辻褄《つじつま》をあわせて、ついに系統だった全体図ができあがった。まだ空欄があったが、やがては新元素の発見で穴埋めできるだろう。

大正解だった。率直にいうと、なんとなく小児のパズルゲームのようだが、人類が夢想してきた自然元素の規則だった配列は、こうしてあっけなく解明されたのだった。いまでは、学校の化学教科書の表紙裏に、堂々と掲載されている。

立派な科学者だった。ロシアにメートル法を定着させたのも、メンデレーエフ。その度量衡原則を駆使して、アルコール醸造法を完成。ウォツカのアルコール度数は、そのときに統一規準化されて、40パーセントなのだとか。

ロシアは、メンデレーエフとともに、科学大国に向けて歩みはじめた。人類初の人工衛星を打ちあげる日が、その1世紀ほどのちにやってくる。

宇宙の神秘に迫った天文学者の師弟

1601年10月24日のこと。54歳の天文学者は、死の床に横たわっている。ボヘミアの首都プラハ。思えば長い旅路だった。

デンマーク人ティコ・ブラーエは、ドイツはライプチヒ大学に学び、天体観測に注力。1572年の25歳で、はやくも新星の発見に成功する。

すっかり信頼をえたブラーエは、デンマーク王からの要請で、20年にわたり王立の天体観測所に勤務。800もの恒星について、位置と光度を特定した。

王の没後には、1599年、神聖ローマ皇帝ルドルフ2世の招きでプラハの天文台へ。注意力と忍耐力。職人風の根性は、知識への欲求と結びつき、人知の極みにまで達するほどだ。

天体運動の秘密を解きあかそうとい

（上図）ブラーエ・壁画・象限…（DET KGL BIBLIOTEK）

2012年12月9日

う気運が高まっていた。そのただなかでのブラーエの死。観測データを受けつぐものが、求められる。前年から助手として働く人物が起用された。ドイツ人、ヨハネス・ケプラー。『宇宙の神秘』なる著作で、注目されていたから。

　ケプラーは、よく期待にこたえ、10年にある努力で、恒星のリストを、完成にちかづけた。じつは、その世代になって、天体望遠鏡が投入されるという幸運もさずかった。

　ケプラーは、師のブラーエとは、なにかにつけて対照的な人物だった。気性は激しいが、根性は人一倍というブラーエ。ケプラーのほうにはどこか天才的なひらめきがある。宇宙には、神秘的な音楽が宿るとし、解明をめざした。ブラーエ以来の数値を分析して、数学的秩序の発見にいそしむ。その成果こそ、ケプラーの3法則。太陽を中心に、惑星が楕円軌道をめぐるという美しい天体像である。こうして、かつての地球中心説は、根底から否定されたのだった。

　ブラーエから、後任のケプラーへ。その1601年こそ、正真正銘の歴史の転換点だった。天体は、確実に合理的な歴史の認識の視野内にはいった。

（右図）プラハにあるティコ・ブラーエとヨハネス・ケプラーのモニュメント…（Wiki）

人体の定説覆した医師ハーヴェー

酸素や栄養素が、動脈血として心臓から送りだされ、静脈血として心臓にもどってくる。このごくわかりやすい原理。血液循環説だ。

とはいえ動脈血と静脈血とは、つかさどる臓器がべつだと考えることもできたはず。その古来の常識・定説をくつがえして、心臓をたったひとつの中心に据えること。イギリス人の医師ウィリアム・ハーヴェーの見解は、まことに卓抜の理論であった。

1628年の著作は『心臓の運動と血液に関する解剖学的研究』。イギリスで生まれ、イタリアのパドヴァ大学で医学を修めて帰国したのちの成果である。その学識と敏腕をみこまれて、国王の侍医に。けれどもハーヴェーにとっては、王よりも、人類に通有の身体のほうが大切だ。

人体を切りきざむわけにはいかないので、動物を解剖し、ついには心臓を中心とする、血液の体内循環の事実を確認した。古来の定説の側からは、はげしい反論がとんできた。心臓を、まるで動力ポンプのような機械とみなすことも、抵抗をよびおこしたのだろうか。

（右図）ハーヴェー…（テキサス大学図書館）

2012年12月16日

しかし、じつはハーヴェーは、ポンプという表現はとらない。はっきりと言明している。心臓は、宇宙の太陽のようなもの。人体という宇宙は、心臓＝太陽により活力をあたえられていると。ちなみに、天動説から太陽中心の地動説へと、科学者たちの議論が揺れうごく、そのただなかにハーヴェーは生きた。

それればかりか、国王が心臓に類比されている。その王とは、まさしく国家の太陽のようなものだと。イギリス絶対王政の極致である国王ジェームズ1世と、その息子チャールズ1世は、ハーヴェーを主治医として遇した。

心臓・太陽・国王。そんな類推の連なりは、近代科学の簡明さにそぐわないかもしれぬ。真意のほどは、しかとは知れない。だがともあれ、心臓中心の血液循環の発見とともに、近代医学が確立したのは、疑いようもない事実である。

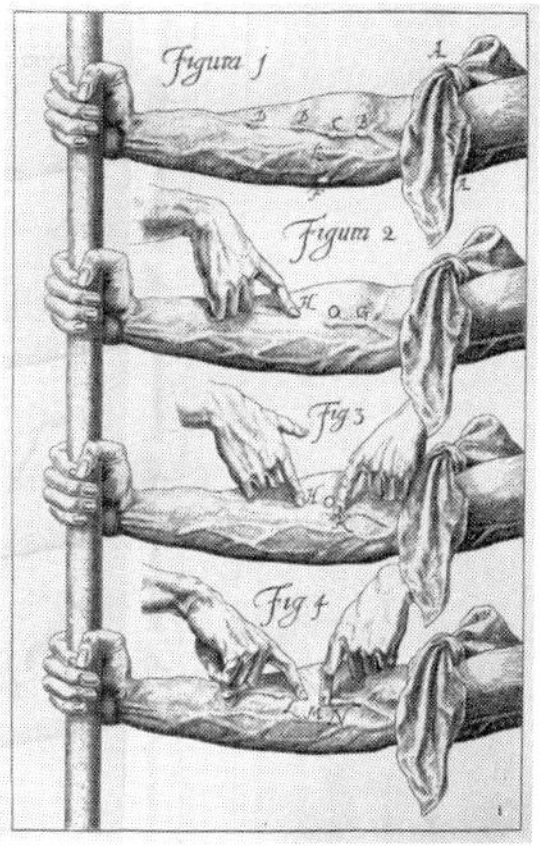

（上図）ウィリアム・ハーヴェーの静脈弁に関する実験を示す図…グッデンによる『心臓の動き』の版挿画の後版（1928年、ウェルカムコレクション）

深奥の真理を追い続けた プラトン

ローマのヴァチカン宮殿、そのただなかに著名な壁画がある。ラファエロの「アテナイの学堂」。古代ギリシアの知識人たちが、それぞれの風体で、画面に参加してくる。その中央部に、ふたりの哲学者が。プラトンとアリストテレスだ。

向かって左手のプラトンは、髭《ひげ》をたくわえた姿。いかにも思慮ぶかい洞察の主である。定説によれば、モデルはレオナルド・ダ・ヴィンチだとか。右手のアリストテレスのほうは、鋭い視線を発出する観察眼。作者ラファエロの壮大な意図によれば、この大画面は両の哲学者によって、左右2分される。左のプラトン側では、外形の観察をこえる、深奥の真実への眼が光っている。

アリストテレスの側は、次回に登場していただくとして、まずはその

2012年12月23日

プラトン。紀元前427年、アテナイの生まれという。先人のソクラテスに学び、各地を遍歴したのち、アテナイで私塾アカデメイアを設立。シチリアなどで現実の政治を指導し、挫折をくりかえしながら、たどりついた地点はといえば。

感覚で推知できるものの彼方《かなた》に、個物の祖源たるイデアの実在を設定した。わたしたちが認識しようとするのは、イデアにほかならない。このイデアの追究にこそ、哲学の原点があるという。だからアテナイの学堂では、プラトンは右手をもって天空を指さし、手にとどかぬ真理を遠望しつづける。

現実のプラトンは、哲学者が政治家となるべきだとの構想を提起し、シチリアの政治指導のために心魂をつくしもした。プラトニック・ラブよろしく、イデアに憧れる愛を至上のものと称揚もした。そのはるけき理想主義が、後世にあっても追尾されつづける。しかも新プラトン主義の名のもとで、繰りかえし想起されたりして。

西欧の思想の歴史は、プラトンに付した長大な注釈にすぎないと論ずるひとがいるほどだ。この哲学者は、いつも羨望の的である。

（右図）アテナイの学堂…（ラファエロ作、ヴァチカン宮殿）

アリストテレス、経験を知に

承前でお願い。古代ギリシアを念頭においたラファエロの壁画「アテナイの学堂」で、プラトンの右には、アリストテレス。こちらは、師とは、まことに異質な資質のもちぬし。地面に手のひらを向けている。つまりは、経験による着実な知識の集積をと。

ラファエロの図柄では、師とまるで同年輩《ねんぱい》にみえるが、じつは43年もの年下。ギリシア北西部マケドニアに、国王の侍医の子として生まれた。成長してアテナイへ。プラトンのアカデメイアで、20年間にわたり師事。その死後は、招聘《しょうへい》におうじて、マケドニア王家に家庭教師としてつかえた。そこでの教え子、若い王子こそ、のちのアレクサンドロス大王。この王子にむけ、知的な感化力を遺憾なく発揮したという。

遠征にむかう大王をおくったのち、

（上図）アテナイの学堂（部分）…（ラファエロ作、ヴァチカン宮殿）

2012年12月30日

紀元前335年、アテナイにみずからの私塾リュケイオンを設立して、若者を指導。そのあいだに、あらゆる思考と観察の才を発揮した。学術の用語や概念を確定するための論理学。形而上学、美学から倫理学。それに政治学、歴史学から自然学まで。それは、不可視のイデアをもとめた師プラトンとは、真逆の方向性をとった、見えるものの総覧である。

どんな分野にも、図抜《ずぬ》けた才覚。たとえば、クジラやイルカが魚類ではなく、哺乳類だということを、検証したのは、ほかならぬアリストテレスだった。小アジアの海岸で、実際にその生態を観察した結果である。

こんなわけだから、ヨーロッパの知識の総合力が、アリストテレスを凌駕《りょうが》するためには、じつに2千年ちかくを要した。デカルトやニュートンを待たねばならぬほどに。あまりの分厚い壁のゆえに、牢固《ろうこ》で古風な伝統として嘲笑されることもあったほどだ。いまでもそんな言説を弄するひとがいる。それは、いかにも忘恩というべきではないだろうか。ともあれ、天空のプラトンとおなじく、地上のアリストテレスにも最大の敬意を。

イデア…プラトン哲学の中心的な観念。物質的な対象の本質や理念を指す。永遠で不変であり、美や善などの抽象概念の完全な形態として捉えられる

(右図) アリストテレス胸像…(アルテンプス宮)

皇帝に翻弄された猛将ベリサリウス

西ローマ帝国が滅亡したのち、唯一の正統性をたもつ東ローマ帝国。ユスティニアヌス1世は、527年に位を継承すると、あいついで帝国領の失地回復をうちだした。

北アフリカではゲルマン系部族のヴァンダル王国を打倒。イタリアではおなじく東ゴート族の王国を追放。さらには、イベリア半島南部にまでも。また、反対側の東方では、勢力をまして帝国領に侵攻してきたササン朝ペルシアをも、押しもどした。

だが、これらの軍事的功業のあらかたは、皇帝自身というよりは、信任も厚い武将に属すべきもの。ベリサリウスという勇猛の将軍であった。バルカン半島東部のトラキアの生まれ。若くして軍司令官のひとりとなったベリサリウスは、首都コンスタンティノープルの内乱を鎮圧したのち、海外領土の回復に向かう。

ヴァンダル、東ゴート、ついでササン朝勢の撃破は、みなこの将軍の手柄。少数精鋭をもって大軍をけちらし、敵国の首都を陥落させる。速戦即決であった。

しかし、皇帝のほうは、ひとりの生

(右図) ユスティニアヌス1世のモザイク…(サン・ヴィターレ聖堂)

2013年1月6日

身の男だった。連勝の将軍に嫉妬したのである。褒美を受け、世評もたかまる年下の人物に。2度にわたって、ユスティニアヌスはベリサリウスを罷免。蟄居《ちっきょ》を命ずる。だが、代役の将をたてて、軍勢が不利に追いこまれると、あわててもとの地位に呼びもどす。

いずれにしても、東ローマ帝国は猛将の豪腕によって、世界史上の地位をみごとに、回復したのだった。ベリサリウスは、565年、皇帝と同年に、栄光の夢をたしかめつつ世を去る。

ところが、没後も皇帝の嫉妬はたたる。はるかのちになって、巷間《こうかん》、ベリサリウス伝説なるものが、流布した。将軍は両眼をえぐりとられ、物乞いの放浪に追いやられたと。ローマの市門の外、惨めな姿をかつての部下が発見して、その悲運に涙したという……。帝政とは、なんと不条理なものか。

（上図）ベリサリウスのモザイク…（サン・ヴィターレ聖堂）

毀誉褒貶も絶えなかったセネカ

「何かに忙殺される人間には何事も立派に遂行できない」。現代人への忠告として聞こう。

ローマ帝国時代の哲学者セネカが、『生の短さについて』で述べる言葉である。大西英文訳の岩波文庫版で引用している。ストア派という、厳しい精神修業を求める学統からの警告。

英知のために時間を使え。世間的な営みから遠く離れて生きよ、とも。非現実的だと、嘲《あざけ》りたくなるだろうか。だが、著者セネカは現実政治のなかで人生を選びとった。

セネカは紀元前4年頃、スペインのコルドバで生まれ、のちにローマへ移住。法律・哲学の勉学や、病気療養で転々としたのち、財務官の地位にのぼった。辣腕の帝国官僚・政治家でもある。

皇帝位をめぐるローマ帝国内の暗闘に忙殺された。まずは、高位の官職者となったところで、姦通罪の嫌疑を受け、コルシカへ島流しとなった。ついでは皇帝の家庭教師の職につくが、こ

（上図）セネカ大理石胸像
…（プラド美術館）

2013年1月13日

れまた暗殺未遂事件にまきこまれる。それは、皇帝ネロをめぐる騒動だった。この残虐帝を、いったんはみごとに善導したものの、立場は暗転。セネカは、すったもんだの渦中におかれる。

　どうみてもストア派哲学の実践者とはいいにくい。実際、政治家としてのセネカには、同時代人からも、さまざまな毀誉褒貶《きよほうへん》が寄せられた。過度の蓄財さえも告発される。そんなセネカの立場を合理的に擁護できようか。

　けれども、「世間から遠く離れる」どころか、政治家でもあるストア派哲学者は、精一杯に現実内に踏みこんで、精神の理想を追求した。ときには、行動が言葉を裏切ったかもしれないが、そのほうがストア派哲学らしくみえて仕方がない。

　不運にも、たまたま密接した皇帝ネロの暴虐を抑止しかねて、自死の道をとるにいたった。解けそうもない不可思議な謎をのこして、西暦65年、セネカは短くはない70年ほどの人生の幕を閉じた。

皇帝ネロ…ローマ帝国5代皇帝。ローマの大火でキリスト教徒の迫害を行った。典型的な暴君として知られる

見識と気品のあるラッフルズ

赤道直下の、強烈な太陽に照らされるのに、思いのほかの快適さ。シンガポールは、世界のビジネス・センターであり、またリゾートの極致でもある。

都心近く、「発祥の地」というべき川辺。1819年2月、イギリス東インド会社の高官ラッフルズの、上陸地点である。いまそこには、白塗りの全身像が立つ。競合相手オランダの裏をかき、在地の領主であるジョホール王と交渉して、シンガポールの地を獲得したのだった。

T・スタンフォード・ラッフルズは、ジャマイカで生まれた。少年時代から、東インド会社へ。ついではジャワ島への遠征軍に参加して、植民地体験をつんだ。

本国イギリスが、ヨーロッパでのナポレオン戦争にゆれるなか、いったん帰国したのち、スマトラ植民地の副知

（上図）上陸記念の地に立つラッフルズ像…（シンガポール川）

2013年1月20日

事として復帰。その勤務のさなか、マレー半島とマラッカ海峡に目をこらしたうえで、シンガポールに着眼した。イギリスの東南アジア戦略のゲートウエーとして。

　植民地建設の鬼才とでもいえるラッフルズだが、その直後の1823年には、もう帰国してしまう。そして、3年後には45歳直前で他界。それなのに、若くして卿位までも受けたのはなぜ？

　栄誉の理由は、任地体験にもとづく著作『ジャワ誌』。すぐれた地誌・自然誌である。くわえて、荒廃していたボロブドゥール遺跡の再発見と修復にとりかかる。博識の自然学者としては、ロンドン動物園の創設に奔走し、その初代会長をつとめた。

　その見識と気品たるや。たんなる強欲の征服者との評価もなくはない。イギリス植民地主義の尖兵《せんぺい》にすぎないとも。身辺には、東インド会社の内紛や諸国間のみにくい競合もあった。

　だが、疑いようもない見識と気品。シンガポールを関税免除の自由港に指定し、奴隷貿易の禁止をも提唱した、心底からの自由主義者。その格調を、繁栄する21世紀のシンガポールが受けついでほしいと願うのは、余計なお節介だろうか。

（右図）ボロブドゥール遺跡…インドネシアのジャワ島に所在する大規模な仏教遺跡で世界的な石造遺跡。世界最大級の仏教寺院であり、ボロブドゥール寺院遺跡群の一部としてユネスコの世界遺産に登録（Wiki）

運河建設に命懸けたレセップス

44歳の練達のフランス人外交官、フェルディナン・ド・レセップスが、1849年に引退の道をえらんだとき、脳裏にあったこと。それは、カイロやチュニスでの勤務経験から、心をしめるようになった壮大な企画である。

エジプトと紅海のあいだに運河を掘削して、地中海とインド洋をむすびつけようというのだ。その地点は、スエズ地峡。かねてから大方の夢想ではあったが、おりしも、フランスのサン・シモン主義の理論家たちは、産業社会の進歩の名のもとに、さかんに計画の具体化をはかっていた。

意気に感じたレセップスは、本気だ。外交官としての実務力をもって、すぐに関係先と接触をはじめる。まずは、エジプト総督サイード・パシャの快諾。だが、オスマン帝国とイギリスは、難関だった。アジアとアフリカを分離するもの、地中海とインドの航路を、新勢力で寸断するものとして、抵抗をしめした。

とはいえ、そこは外交官あがり。粘りづよく交渉をつづけ、スエズ運河の着工にこぎつけた。土木技術の遅れと、疫病の流行をかいくぐって、ようやく開通にこぎつけたのは、1869年。

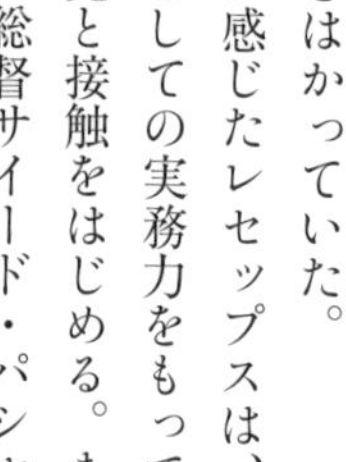

（右図）レセップス肖像…（フェリックス・ナダール撮影、1872～76年、RIJKS）

サン・シモン主義…フランス社会主義思想家サン・シモンによる産業主義（生産を営む階級の重視）

2013年1月27日

有史来の懸案は、ここにようやく解決の時をむかえた。有頂天のレセップス。

しかし、暗転がくるのも早い。スエズ運河会社は、財政難におちいり、主導権はイギリスに移ってしまう。

そればかりではない。スエズの成功に味をしめたレセップスは、つぎにパナマ運河の開鑿《かいさく》へむかう。でも、こちらははるかに難工事だった。膨大な犠牲者、ふくれあがる建設費用。賄賂と詐欺の横行。レセップス自身をも巻き込む大疑獄となる。不本意もこのうえない。

完成をまたずして、89歳の生涯をとじた。無念だったろう。パナマ運河は、アメリカの財力によって工事は続行し、ようやく没後の1914年に、完成をみる。ふたつの運河建設は、世紀の大事業のわりには、報いられることのすくない、レセップスのライフ・ワークであった。

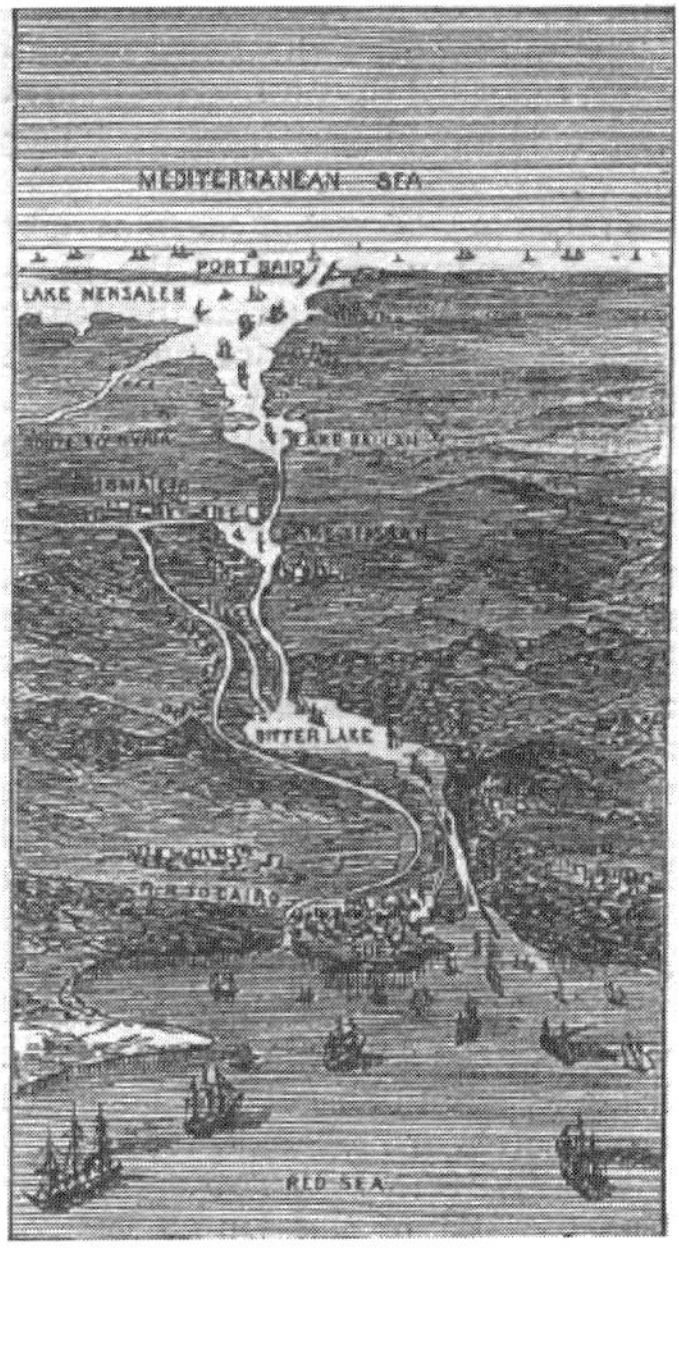

（左図）1881年に描かれたスエズ運河の風景画…（Wiki）

マクシミリアン皇帝、涙誘う最期

どういうものか、19世紀の後半は、欧米の国王、元首たちに、暗殺や刑死が頻発する時代だった。１８６５年にアメリカ大統領リンカーン、81年にはロシア皇帝アレクサンドル２世の暗殺。78年のドイツ皇帝ヴィルヘルム１世は、すんでのところで未遂。１９００年にはイタリア国王ウンベルト１世の暗殺。あげていけば、きりがない。

１８６７年、メキシコ皇帝マクシミリアンの刑死は、なかでも気の毒で涙をさそう事件だ。フランスの画家マネが、印象的な画面で描いた。もちろん、想像のうえでだが。処刑時のマクシミリアンは、ソンブレロをかぶり、ふつうのおじさん風の衣装で、落ち着いて銃殺の場にのぞんでいる。

メキシコ皇帝マクシミリアンの刑死
(マネ作，1868年，マンハイム美術館)

マネ…フランス印象派の創始者

ソンブレロ…カウボーイの帽子

マネたちは、皇帝を窮地に追いこんだフランス皇帝ナポレオン3世に、不信の念をいだいたのだった。その経緯はあらましこういうこと。

ヨーロッパ政治の影響をもろに受けはじめたメキシコでは、自由主義派と保守派の対立がふかまり、内戦におちいっていた。そこで保守派は、ヨーロッパから強力な王族をむかえて、収拾をはかろうとする。

1864年、白羽の矢が立てられたのは、オーストリア帝国。ハプスブルク家のマクシミリアンが、招致された。皇帝フランツ・ヨーゼフ1世の弟である。その筋書きを演出したのは、メキシコに出兵していたフランス皇帝ナポレオン3世。だが、この意外な展開をもってしても、事態は好転しない。

手を焼いたフランス軍は、さっさと撤退してしまう。孤軍奮闘むなしく、マクシミリアン皇帝は反対派にとらえられ、かの処刑の場に臨んだという次第。

快活な開明の士として人気のあった皇帝。異国の空をあおぎつつの最期は、なんとも憐《あわ》れだった。名家ハプスブルクはその死を悼み、ウィーンに遺体をもちかえって、一族の墓におさめた。いまでもその石棺には、生花が供えられている。

バレンタイン、男女が敬う聖人

いったいそれは、どんな欧人だったのだろうか。一説によれば、ローマ皇帝クラウディウスの時代、つまり紀元270年ころ、熱心にキリスト教を布教して禁令にふれた人物。首都のフラミニア街道沿いで、殉教においやられたという。

別の説によれば、イタリアはテルニの司教をつとめ、これまた禁令のゆえに捕縛された。ローマに連行されて殉教にいたったと。

どちらの説も、確実な情報に欠けているが、すこしずつ事実の断片をふくむかもしれない。ひとつだけ、たしかな点が。その名が、ウァレンティヌスということ。英語読みして、バレンタイン。教会によって祝福されて、聖人となった。殉教の日付は、2月14日という。

この聖人が、若い男女の敬慕の的となった。小鳥のオスとメスとが、春先に仲睦まじく囀《さえず》る光景が、この聖人と日付にことよせられた。くわえて、ささやかな贈り物を交換する風習もうまれる。バレンタインは、さぞや心やさしい聖人だったのだろう。

古代ローマのルペルカリア祭りと、深い関係があるらしいとも推定される。

フラミニア街道…ローマからリミニまでを結ぶローマ街道で、北に向かう最も重要な経路。全長336キロメートル

2013年2月10日

2月15日ころにおこなわれた、豊穣《ほうじょう》祈願のための祭り。風紀紊乱《びんらん》の恐れは、バレンタイン様のおかげで、和らいだわけだ。

いずれにせよ、ほほえましいこれらの風習は、各地で受けいれられていった。そのみごとな証拠がここに。シェイクスピアの『ハムレット』。精神に異常をきたしたオフィーリアが、踊りつつ歌う俗謡である。

バレンタインの日、「娘のあたしは、あなたの窓辺に／恋待つ人となりましょう／殿御は飛び起き着物きて／部屋の戸開いてその中へ／往きはよいよい帰りには／娘はただではもどれない。」

（三神勲訳）

娘はどうなったのかなどと、下衆の勘ぐりはやめておこう。それよりは、21世紀の日本で、殉教とは無縁の、平和なチョコレート騒動に参加させていただくことにしようか。

（上図）てんかん患者を祝福する聖バレンタイン……（ウェルカムコレクション）

聖パトリック、ケルトの島に福音

春まだき3月17日、今年は日曜日にあたる。アイルランドでは、町も野もあまねく緑に萌《も》えさかる。草木ではない、緑の衣裳で。

クローバーに似たシャムロックの三つ葉をかかげて、躍りあるく人びと。聖パトリックの祝日とよぶ。アイルランドにキリスト教をもたらした聖人である。

パトリックは、ブリタニア（イギリス）生まれ。まだローマ帝国のもとにある故郷で、教えをうけた。そうするうちの14歳の日、不意に来襲した海賊にさらわれ、西の島アイルランドに連行される。忍従の日々。

とある日、パトリックは神の声を聞いた。逃亡を推奨するもの。命からがら300キロの道をたどって、イングランドに帰着。神への感謝のあかしとして、祈祷《きとう》と学習にはげみ、やがて聖職についたらしい。伝承される履歴はいささか疑わしいが、南フランスの孤島レランスでの厳しい修道生活も、といわれる。

431年頃、パトリックはかつての縁のゆえに、アイルランドでの伝道に派遣され、司教としての重責をになう。

この島はケルト人の地。そのゆかしい神秘にくわえて、キリスト教の新しい福音をとなえはじめた。禍をもたらしていた蛇をとらえて、島から放逐という俗信まで。

30年にわたる長い年月。伝道に生涯をささげ、守護聖人として確実な足跡をそこにしるした。アイルランドは、パトリックの島となったのである。

その島は、イギリスよりも早く深くキリスト教に親和した。のちにプロテスタントに転じたイギリスによって、その植民地におとしめられても、カトリック信仰を守りつづけた。ケルト人としての不羈《ふき》の心情は、独立後のいまも聖パトリックとともに不滅である。

3月17日は、まさしくその祝日。19世紀の大飢饉《ききん》で脱出し、アメリカなどに居住する人びともあわせ、世界中のアイルランド人は、この日、シャムロックの緑に染まる。

（上図）聖パトリック像…（1833年、聖パトリック大聖堂〈ダブリン〉）

勇士の象徴、聖ゲオルギウス

キリスト教の聖人によせた祝日をたどってきた。今回は4月23日の聖ゲオルギウス、英語ではセント・ジョージ。

この人も、じつは実像がはっきりしない。いろいろと議論はあるが、たぶん4世紀頃にアナトリアにいた、初期キリスト教会の要人らしい。布教・巡歴するうち、ある水辺で遭遇した事態。土地の王族の美姫《びき》が、獰猛《どうもう》な竜の餌食にされるべく、献納される場面だった。

ゲオルギウスは、やにわに馬上で槍《やり》と剣をとり、狂暴《きょうぼう》なドラゴンにたちむかう。苦戦のすえに勝利をかちえたゲオルギウス。それは、まさしく暴虐と悪徳の支配から姫と教会を救済する、英雄のたたかいだった。

娘の窮地を救う勇士。このテーマは、世界中どこにもある。キリスト教でも。だがどうやってか。このゲオルギウスが、アナトリアから東地中海、エジプトへ。そして、ついにはイタリアの港町から、イギリスにまでひろまっていったのか。その仕組みはよくは分かっていない。たしかなことには、13世紀には、竜退治の勇者はもうイギリスで、周知の聖者になりきっていた。

白地に赤十字を配したゲオルギウスの旗印は、イギリスに定着。聖ジョー

2013年2月24日

ジとして愛国の守護者となり、王国の命運をつかさどることになる。国旗ユニオンジャックのなかで重きをなして。

ついに、ヨーロッパの西端までやってきたゲオルギウス。その記念日である4月23日は、とびきりの祝祭となった。劇作家シェイクスピアは、好んでこれを誕生日と命日にえらんだかのよう。

いやそれどころか、ライバル国家スペインでも、作家セルバンテスがおなじ日に他界した。現在では、スペイン・カタロニアで、この日をサン・ジョルディ、つまりゲオルギウスの日として祝うとか。書物を贈答しあうほほえましい風習をともなって。さあゲオルギウスの、剛毅《ごうき》だがいたわりにみちた温顔に、いっぱいの祝福を。

聖ゲオルギウスとドラゴン
（ラファエロ作，1506年頃，NGA）

盗作で訴訟起こしたデューラー

　ひとかどのアーティストとして、生地ニュルンベルクで敬意をたてまつられているはずのデューラーでも、これには腹がすえかねたらしい。人づてに聞くところでは、自作の版画デザインが、イタリアでそっくり盗用されているとか。「不似合いのカップル」というのがタイトル。中年のいやらしい男と可憐《かれん》な娘とが、寄り添う構図。

　1505年、デューラーは腕前誇示を兼ねて、はるばるヴェネチアにでかけていった。その商都で、盗作の非をならして当局に上訴するために。模作は、原作の版画をそのままに写したものだから。なんたることか、左右が逆転していたが。

　頼るべきヴェネチア当局は、不当を認めた。さはいえ、図幅内にあるデューラーのモノグラム（標識）だけを削除せよと命じたうえで、再版を許可した。

　じつは、この上訴一件は、史上初の著作権争議ともいわれる。いまどき頻発する類似事件より5世紀も昔のこと。デューラーは、いかにも律儀《りちぎ》なドイツ人らしく、この狡賢《ずるがし》こさを許せなかった。さりとて、版画それ自体が複製芸術。イタリア人たちの応酬にも、当時

（上図）不似合いのカップル…（マルカントニオ・ライモンディ作、1506年、シカゴ美術館）

2013年3月3日

ではそれなりの理があったのかも。

　中世末からのドイツで、腕をみがいてきたデューラー。油絵作家としての名声もさることながら、なんといっても突出した版画家。木版から銅版へ、揺籃期《ようらんき》の版画技術を、ひとおもいに芸術にまで昇華した張本人。２００点ほどの木版画と１００点の銅版画をもってした、そのプライドのほども知れる。

　その極致とでもいうべき作品を、さきごろじかに見た。ハプスブルク皇帝家の長大な歴史をことほぐ、巨大な木版画。１５１５年の制作といい、「栄誉の門」と題するが、１９５枚の木版の貼りあわせである。弟子の参加もえたが、ドイツ・ルネサンス、総力の結集といってよい。

　イタリアの向こうをはるドイツ。もうこのころから、両国のつばぜりあいが始まっていた。

(上図)不似合いのカップル…(アルブレヒト・デューラー作、１４９５〜９６年、シカゴ美術館)

鷹揚なラファエロ、複製にも寛容

ラファエロ・サンツィオが、後世に残るような大仕事をなしとげたのは、たった12年間。生地ウルビーノからフィレンツェを経て、1508年にローマへ移住し、20年に37歳で急逝するまで。

だが、まるで天使のごとしと評される人物の甘美な作品は、じつに多数にのぼる。フレスコ壁画から油彩画、そしてタピスリー下絵など、何百点。

あふれるような才能。先人に学ぶ吸収力。ローマで整備がすすむヴァチカン宮殿の造営に参加し、ユリウス2世とレオ10世というルネサンス教皇の愛顧をうけた。

若いラファエロは、多くの弟子たちをともなっていた。教皇やローマ市貴族たちからのあいつぐ注文をこなすために、工房はさぞかしの大忙し。でもたとえば、先輩ミケランジェロのように、自我の強いアーティストは、あまり弟子を信頼《しんらい》していないもの。けれど、ラファエロのほうはリスクを承知で、工房に仕事を託した。

たとえば、著名なヴァチカン宮殿の「署名の間」壁画。8点で構成されるうち、「アテナイの学堂」など4点は自

（右図）ラファエロの自画像…（1506年頃、ウフィツィ美術館）

2013年3月10日

筆。後半の4点は工房作といった具合に。
なんたる鷹揚《おうよう》さ。だが、これがラファエロの秘密といってもいい。多忙にもかかわらず、サン・ピエトロ寺院の建築主任から、ローマ市の古美術監督官まで、引き受けてしまう。もっともこれが、命とりになったのかも。

そのおおらかさの証明を、もうひとつ。ラファエロは、自作が木版画や銅版画で模写・複製されることに、あまり頓着せず寛容で、むしろそれを前提にもした。じっさい、その作品は多数の複製版画となって、ヨーロッパ各地に送られ、愛好者の鑑賞に供されていった。まだ美術画集などという書物がなかった時代に。
自作版画の海賊版にきびしく目をくばり、訴訟まで企てたというやや年上のドイツ人画家デューラーとは、なんという隔たり。いや、どちらが正解だと断定しているわけではない。念のため。

（上図）「署名の間」…北壁と西壁。向かって左の北壁には『パルナッソス』（1510〜11年）

エラスムス、聖書の翻訳で「作文」

「エラスムスが産んだ卵を、ルターがかえした」という。人文主義者エラスムスは、とりわけその『愚神礼讃』(1511年)によって、カトリック教会の腐敗と堕落をとことんまで、諷刺《ふうし》・追及した。信頼をうしなっていた教会にたいして、ドイツ人修道士マルティン・ルターは、ついで強大な槍《やり》をつきつけた。

　エラスムスは、独立オランダになるまえの1469年ころ、ロッテルダムで生まれた。パリとオックスフォードで古典学を身につける。その学識は、当代第一と尊敬された。めざすところは、まずは新約聖書のギリシア語原典の確定と注釈。ふつうは、ラテン語訳で読むところを、もとのギリシア語で正確に理解しようという。これこそ、キリスト教の真正の姿を汲《く》みとる手段だと。

(上図)エラスムス肖像…(ハンス・ホルバイン作、1523年、バーゼル美術館)

2013年3月17日

それは、じつは至難な作業だった。そのための資料が不足していたから。どうにも辻褄《つじつま》があわないところは、なんとエラスムス自身が、ラテン語訳から類推して、ギリシア語で作文してしまったとか。その語学力は驚異ではあれ、これはいかがなものか。

ともあれ、エラスムスはその本文テクストの完成後、1516年に印刷へ。スイスはバーゼルの友人、印刷業者フローベンの手で実現。さらには、キリスト教の教父たちの著作集や、エラスムス自身の著作をあいついで出版する。その点数は、何十にもおよぶ。グーテンベルクの活版印刷術が開発されて半世紀あまり。この先端技術が、まさしく真価を発揮する手本であった。

ところで、かのルターのほうは、エラスムスを盟友と頼んだのに、その宗教改革の戦線に参加してもらえず、辛辣な批評ばかり。卵は産みっぱなしだ。

人文主義の賢明な自由の原則は、改革運動の粗暴な熱狂には似つかわしくないというのか。運命的なすれちがいはなぜおこるのか。古来、さまざまな批評がくわえられてきた。それは、永久に正解のない、難しい問いなのかもしれない。

シオニズムの始祖、ヘルツル

民族の居住の地を追われ、離散と流浪をしいられて2千年にちかく。ユダヤ人が、民族としての再結集と、故郷への帰還をもとめる運動は、シオニズムとよばれる。シオン、つまり栄光のエルサレムを奪回すること。

その思いが政治の顔貌をとるにいたるのは、19世紀の末年。提唱者は、テオドール・ヘルツルという若い作家である。

もっとも、ヨーロッパを中心とする各地のユダヤ人は、その運動にかなり懐疑的でもあった。なにせ、多くはそれぞれの地方社会への同化をすすめていたから。

1897年、スイスのバーゼルで第1回のシオニスト会議が開かれたとき、まだ方向は模索中。しかし、やがて雄弁のヘルツルの旗のもとで、ユダヤ人国家建設が、リアリティをもって語られるようになる。理想に燃えたのだ。

しかし、ヘルツルは現実の政治のもとで考えた。集住のための地をもとめて、イギリス・ロシア・トルコなど、さまざまな国と掛けあった。アルゼンチンやウガンダも候補にあがるほど。

著書『ユダヤ人国家』のタイトルから、ときに誤解もされるが、ヘルツル

（右図）1898年のテオドール・ヘルツルの肖像画…（Wiki）

2013年3月24日

は純粋な民族国家を理想としたのではない。じつは、慎重に考えられた近代国家。国民の福祉をかかげ、宗教の自由、諸民族の穏和な共住も保障する。フランスのユートピア社会主義の空気になじんだというヘルツルは、まちがいなく近代政治思想の児《こ》であった。カリスマ指導者という、古めかしいイメージは覆る。

そうとなれば、パレスチナ帰還は、現住のアラブ人と、どんな関係を作りだすのかと問いたくなる。当時のヘルツルにあっては、まだ深刻な主題となっていなかったが。

シオニスト会議の始祖は、圧倒的な指導力を発揮した。到来したばかりの20世紀は、ユダヤ人にとって希望の時代になるはずだった。残念ながら、ヘルツルは、その行く末を見届けることなく、１９０４年、わずか44歳で生涯をとじた。

（左図）ヘルツル生誕百周年に向けて発行されたイスラエル切手…（Wiki）

悲運だった武将コシチューシコ

戦いの勝敗は時の運というが、まことにそんなものだろう。練達の武将でも、その運勢には逆らいがたいか。

大西洋をはさんだ2つの大陸で、その運命に挑んだ人がいる。ポーランド生まれの将軍コシチューシコ（コシューシコなどとも）。ワルシャワで教育を受けたのち、西ヨーロッパ諸国で軍事教練を。まず戦場に立ったのは、アメリカ独立戦争で、1776年のことだった。

ジョージ・ワシントン将軍のもとの7年間は、30歳代の栄光の舞台となった。功業はめざましく、ことに民主主義者トーマス・ジェファーソンと親交をむすんだ。アメリカに残した財産を、奴隷の解放と厚生のために資してほしいと、のちに遺言するほど。

しかし、母国ポーランドの窮状が、コシチューシコをよびもどした。アメリカ・モデルを掲げて、農民の生活状況の改善のため、改革の要請。しかし思うにまかせぬなか、祖国は深刻な国際情勢にまきこまれる。ロシア、プロイセン、オーストリアの3国による第1回分割ののち、1793年には第2回。

衆望をになって、農民をふくむ国民

（右図）トーマス・ジェファーソン…アメリカ合衆国の政治家。第3代アメリカ合衆国大統領（1801〜09年）

2013年3月31日

軍を指揮し、はげしい抵抗戦を開始する。いっときは、94年のラツワウィッツの戦いでロシア軍を撃破。しかし、時に運なく、ついに同年秋、次なる戦いで敗北し、ロシア軍の捕虜となる。

ポーランドは、この抵抗の総力戦に敗れて、1795年、3回目つまり最後の分割に全土をまかせる。123年間にわたり、国は姿を消してしまう……。

失意のコシチューシコに、ふたたび運が向きはしない。投獄ののちは保釈されてパリに脱出したけれども、ナポレオンの慫慂《しょうよう》にもかかわらず、軍服を着用することはなかった。

栄光と敗残は時の運。しかし、民族と自由を旗頭として奮闘する武将には、アメリカもポーランドものちのちまで尊敬をはらい続ける。いくつもの記念碑をともなって。

(上図)馬上のコシチューシコ…(ヴォジェク・ゲルソン作、1890年)

反ナチス公言、EUの精神的創設者

ウィーン大聖堂にほど近い、古来の由緒ある小広場。ひっそりとたたずむ礼拝堂の傍らに、リヒャルト・クーデンホフ＝カレルギー伯爵は住んでいた。

1938年3月11日。ヒトラーの第三帝国により、オーストリア併合が宣告される直前のこと。伯爵は身の危険を察知して、その深更、ひそかにここを脱出した。その経緯が、いまパネルに記されて外壁に貼られている。向かった先は、チェコスロヴァキア。そして、フランス、スイス、ポルトガルを経て、最後にはアメリカ合衆国にたどりつく。

なぜナチスの追っ手を恐れねばならなかったのか。15年前に出版され、大反響をうけた著作『汎ヨーロッパ』が標的とされていた。ドイツばかりか、あらゆるヨーロッパ国家が、連合体をつくって政治的分裂を超えようという主張。著作ののち、同名の雑誌を刊行しつづけて、この提唱をかためてきた。

これは、ドイツ至上主義を正面から否定するもの。伯爵は反ナチスを公言していた。アメリカへの亡命の姿は、映画「カサブランカ」で、抵抗運動家ラズロとして描かれているとも。もち

（右図）カレルギーのメダル…（Wiki）

2013年4月7日

ろんフィクションだが。
　それにしても波瀾《はらん》万丈の人生。父は駐日のオーストリア人外交官だった。日本人青山光子と恋に落ちた父のもとに東京で生まれ、ウィーンで哲学を修めた。第1次世界大戦で荒廃したヨーロッパを目撃し、これの克服のために諸国の緊密な連合の必要に思いいたった。その結実こそが1923年の著作、『汎ヨーロッパ』である。

　全ヨーロッパを分裂においこむナショナリズムの克服。けわしい対立をひきおこす資本主義とコミュニズムの和解と相互補完。世界語として採用さるべき英語。さまざまのアイディアが、クーデンホフ＝カレルギーの筆からほとばしった。
　これらは、やがてヨーロッパ連合の指導理念となった。激動のなかにあるEUの精神的創設者として、いまやその評価はゆるぎない。

コミュニズム（共産主義）…財産を私有ではなく共同体による所有（社会的共有）とすることで貧富の差をなくすことをめざす思想・運動・体制

（上図）リヒャルト・クーデンホフ＝カレルギー旧居…（ウィーン）

トワイニング 紅茶を国民飲料に

イギリスにおける紅茶の導入と発展ほど、ダイナミックな経緯をたどれるものはあるまい。流通業務としても、消費文化としても。その立役者は、トーマス・トワイニング。

18世紀はじめ、東インド会社を相手にトーマスが働きはじめるころ、ロンドン市民の楽しみはといえば、すぐれてコーヒー・ハウスだった。苦みと香りをたのしむために、せっせと通いつめる。そこへ、やにわにトーマスが茶葉をたずさえて参入。子細あってののち、都心のストランド街に茶店をひらいたのは、1706年。この数字は、3世紀たったいまも、その店頭に誇らしげに刻まれている。

なぜコーヒーから、紅茶への転身か。これはちょっとしたミステリーだ。というのも、ほぼ百年にわたってコーヒーを偏愛してきたといっていいのに。トワイニングの時代とともに、嗜好はお茶に転じはじめた。非発酵系の緑茶ではなく、発酵過程をへた紅茶。砂糖とミルクをくわえて、みごとに国民飲料に昇格した。それまでは、緑茶にミルクを入れていたのだそうだ。あー、なんて気味悪い。

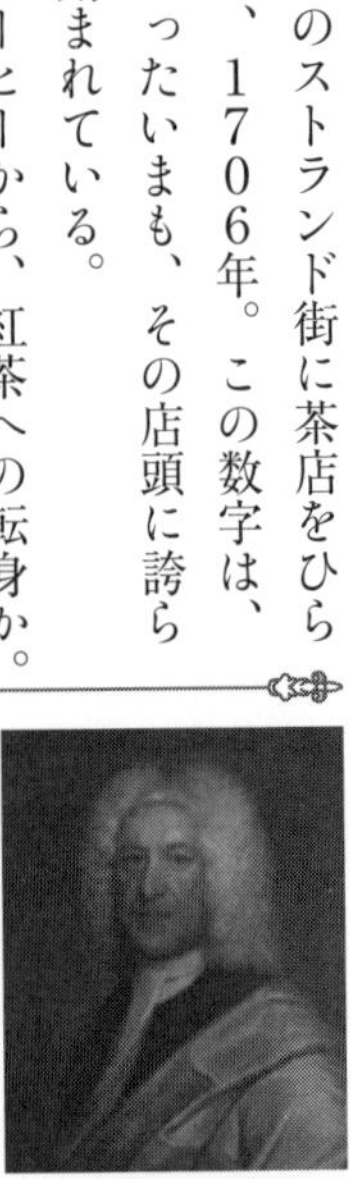

（右図）トーマス・トワイニング肖像…（The Twickenham Museum）

2013年4月14日

嗜好の転換をリードしたトワイニング。けれども、起業家としての才覚も、見あげたものだ。イギリス東インド会社の商取引に、中国産の茶葉をくわ

えた。それまで、東アジア交易は、ほぼオランダの独占だったものを。

　さて、ヨーロッパの大陸側で受けつがれたコーヒー文化と、イギリスの紅茶。このあまりの対照は、いったいどんな事情からか。生活スタイルや、社会慣習のちがいか。トワイニングの行動と発想のなかに、その原点を探ることができるかもしれない。

　ともあれ紅茶には、のちのリプトンやフォートナムズといった有名銘柄の参入や、トワイニング社がはじめたというティーバッグの開発まで、いろいろと話題豊富だ。さて、ここで一休みとしよう。コーヒーにするか、紅茶にするか。あなたならどちら？

（上図）トーマスがオープンした紅茶専門店トワイニングの入口…現在も創業３００年を越えてロンドン・ストランド街で営業中（Wiki）

サヴァランの元祖グルメ本

男の夢といってよいだろう。料理や食品に自分の名がのこるとは。ヨーロッパの美食家の場合なら、たとえば作曲家ロッシーニか、歌手シャリヤピン。どちらも、破滅型グルメ人間だった。

リキュールに浸した極上のフランス菓子。発案者とされる人物の名をとって、サヴァラン。香りといい、切れのある舌ざわりといい、最高のパティスリーだ。

正確には、ブリヤ・サヴァランという。フランス革命をなんとか乗り切った名流の家系だった。革命で没落した名家から、伝統の料理人が流出して、町にレストランが林立しはじめるころ、ブリヤ・サヴァランは発意する。調理と美味を、まっとうな知識として確立しようと。厨房と書斎《しょさい》とを、頻繁に往復。ついに美味学という体系をきずきあげた。『美味礼讃《らいさん》』として邦訳される名著

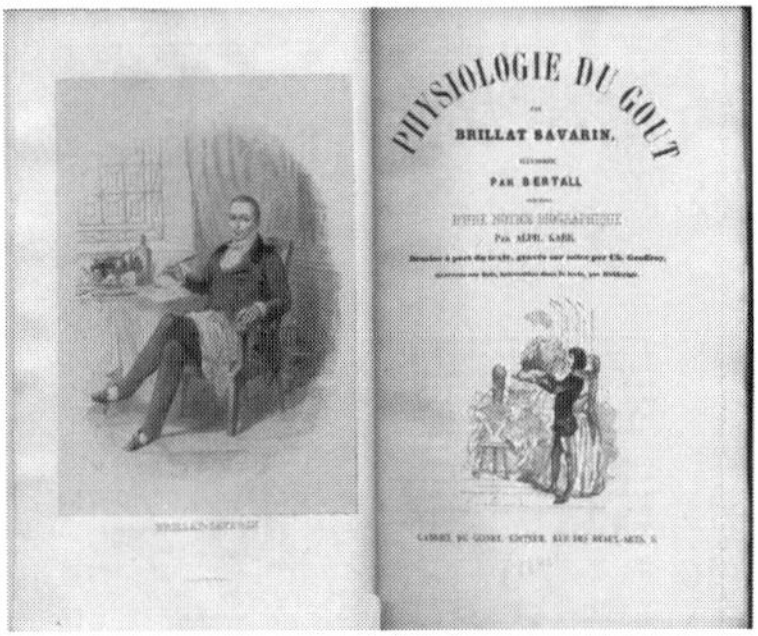

（上図）サヴァラン肖像と『La Physiologie du Goût』（美味礼讃）表紙…（１８４８年版、ケルビン・スミス図書館）

2013年4月21日

が、そこから生まれた。極まりない趣味本と即断すると、たぶん当惑するだろう。これは、文字どおり「学術」なのだから。

むろん、料理や菓子の創作術として、読みごたえがある。しかし、そこでは文化としてのグルメ道の、抑制された常識も、諄々《じゅんじゅん》と説かれているではないか。食は人なり、と看破。「君がふだん、なにを食べるかを言ってごらん。あなたの人柄を言い当ててみよう」と豪語したとか。

美味学は快楽だけを喧伝《けんでん》するのではない。いくつもの卓見や観察が披瀝《ひれき》される。たとえば、もう19世紀初めには、こんな難問が出現していたとか。ある少女がちょっとした冗談を真にうけてしまい、拒食症におちいったのだ。

肥満と痩身、過食と貧食。それらへの、バランスある向きあいかたをも教えようとする。美味学はユマニスム（人文主義）の権化とでも言おう。

いかにも、「科学」の時代の先駆けよろしく、斬新な提言にあふれている。その後、何千と書かれたグルメ本の鼻祖として、サヴァラン著作はバイブルらしい香気でいっぱい。最上のソースとして、本書をテーブルに供することにしたい。

（右図）サヴァランの泉…シャンパン・アン・バルロメ（Wiki）

ヴィクトリア女王の栄華支えた夫

スコットランドの東海岸ちかく、バルモラルという城がある。イギリス王室が所有する美城。

１５０年ほどまえ、この城の主に不幸がおそった。女王ヴィクトリアの夫、アルバートが腸チフスで急逝したのだ。42歳の女王の悲嘆といったら。呆然《ぼうぜん》自失の女王は、ただちに喪服に着替え、数年間は公務も欠席がち。復帰後もじつに40年間ちかくにわたり、その姿で寡婦暮らしをつづけた。

アルバートの居室はそのままに保存し、亡夫のテーブルでは、日ごとに飲み水をとりかえさせた。もともとバルモラル城は、夫妻がおもに避暑のために、仲睦《むつまじ》まじく過ごす、愛の巣だったのだ。

もとはともにドイツは、ザクセン・コーブルク・ゴータ公家の出身で、同い年の従姉弟同士。不思議なめぐりあ

（上図）ヴィクトリア女王一家…左から次男アルフレッド、長男エドワード、ヴィクトリア女王、アルバート、次女アリス、三女ヘレナ、長女ヴィクトリア（フランツ・ヴィンターハルター画、１８４６年、英国ロイヤルコレクション）

2013年4月28日

わせで、1837年、ヴィクトリアはイギリス女王に即位する。アルバートは、おいかけるように女王と結婚。

　ドイツ人としての教養をそなえた夫婦だったが、外国人にきびしいイギリス人世論の視線をうけながら、しだいに宮廷になじんでゆく。そのうち、アルバートの素養が活《い》かされるチャンスがやってきた。1851年、第1回の万国博覧会。数百万人の見物客を水晶宮にむかえたロンドン万博は、アルバートの導きのもとで大成功をおさめた。これを機に、イギリス市民は夫妻を懐に迎えいれたといってもよい。

　それにしても、大国の女王の配偶者（コンソート）という立場は、むずかしい。でしゃばらず、引きすぎず。その規範をまもりながら、「君臨すれども統治しない」女王を、思慮ぶかく支えつづけた。極盛のヴィクトリア朝イギリスにあって。

　そのさなかの1861年、42歳の急死。とびきり困難な立場をまっとうしたアルバートは、いまもロンドン市内に痕跡をふかく残す。西郊に巨構をほこるヴィクトリア・アルバート美術館（V&A）をはじめとして。

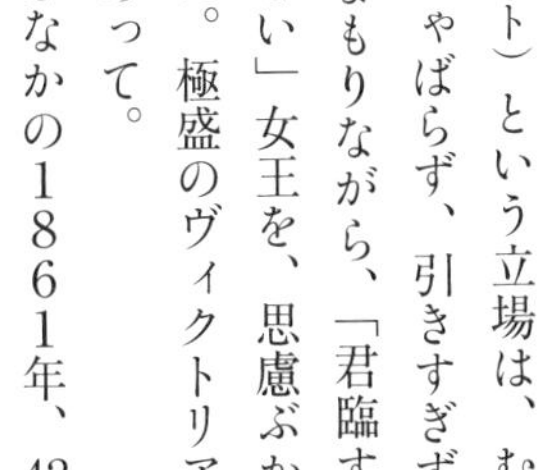

（右図）ヴィクトリア&アルバート美術館…（ロンドン）

拝啓、近代オリンピックの父へ

ピエール・ド・クーベルタン様に、はじめてお便りします。

貴殿の提唱で、1896年に始まった近代オリンピック競技大会は、ますます隆盛をつづけています。あらためて、その提唱の斬新さを考えさせられます。

その斬新さの拠《よ》りどころは、3つあると思います。第1には、フランスの教育学者としての貴殿が、はやくからイギリスやアメリカを視察し、ことにスポーツの意義を強調されたこと。知育とならんで、体育を近代人の要件として推奨し、青少年にとっての理想にまで高めます。

第2には、そのイベントを古代ギリシアという、ヨーロッパ文化の共通祖先に結びつけたこと。遺跡発掘が急ピッチで進行していました。シュリーマンのトロイヤ、クルティウスのオリンピアと。考古学の成果は、古典の理想に連なります。

第3には、ちょうどそのころに、国際協力の可能性と必要性が、いやがうえにも痛感されはじめました。国際赤十字や万国郵便連合など、いまにつづく世界組織がうまれます。スポーツは福祉と平和に、おおきな国際的貢献が

シュリーマン…ドイツの考古学者、実業家。ギリシア神話に登場する伝説の都市トロイヤを発掘

2013年5月5日

できるはずとの信念。オリンピックは時代の要請に合致しました。
この3つ、つまり教育と古典と国際という貴殿の理念が、人びとの精神にみごとに訴えたのです。それからもう1世紀以上。近代オリンピック運動は、当初の理念を展開することで、あらたな未来を展望しています。いくつもの障壁を克服して、さらに発展していくでしょう。
そう信じるわたしたちはいま、この偉大な国際イベントを日本にお招きしたいと熱望しています。この趣旨を、ご理解をいただければ幸いです。

敬具

さてあわせて、読者みなさまへのお便り。2年半ちかく121回にわたり、ご愛読いただきました。最終回にあたり、厚くお礼申しあげます。さようなら。

（上図）クーベルタン男爵
……（LOC）

あとがき

新聞コラムとしては異例の、長期にわたる一二一回、二年あまり。十年以上もの昔にあたる二〇一〇年代初頭だった。四苦八苦しながら書きつづけた「欧人異聞」。最終回の筆をおいたところで力尽き、満足感とともに旧稿はファイルしたまま、書棚に放置してきた。

その間にコロナ禍がおこり、そしてウクライナとパレスチナの軍事騒動。歴史家として旧稿を顧みる間もなかった。あわせ不本意ながらも対応を迫りくる公務。二一世紀の第二クオーターが迫ってきて、いまようやく、この放置状態を修復しようと思いこみはじめた。

歴史家として、ひとたび発言した正味は、取返しはつくまい。本文はほぼ無修整に、そして原文の発信期日にいたるまで保存しようと覚悟をきめた。じつに一三年ぶりに、あらためて世に送りだそうと発心した次第である。

「刀水新書」の発足をしるすという栄誉をいただいた。今後の豊かな発展を祈念しつつ、その発刊の声に響和する歓びを味わうことにしたい。あわせ当初の掲載メディアであった日本経済新聞社には、特別の感謝をお届けするものである。

二〇二四年六月　　　　樺山紘一

樺山紘一（かばやま　こういち）
1941 年，東京生まれ
1965 年，東京大学文学部卒業。京都大学人文科学研究所助手，
東京大学文学部助教授・教授を歴任
2001 年以降，国立西洋美術館長，印刷博物館館長を経て，
現在渋沢栄一記念財団理事長，学士会理事長
主な著作に『ゴシック世界の思想像』，『カタロニアへの眼』，
『西洋学事始』，『ルネサンスと地中海』，『歴史の歴史』など

刀水新書　1
欧人異聞

2024 年 6 月 30 日　初版 1 刷発行

著　者　樺山紘一
発行者　中村文江
発行所　株式会社 刀水書房

〒 101-0065　東京都千代田区西神田 2-4-1 東方学会本館
TEL 03-3261-6190　FAX 03-3261-2234　振替 00110-9-75805
印刷　亜細亜印刷株式会社／製本　株式会社ブロケード

ISBN978-4-88708-488-9　C1222

刀水書房既刊より
樺山紘一編著書

カタロニアへの眼 歴史・社会・文化 （刀水歴史全書 1）

樺山紘一著／西洋の辺境、文明の十字路カタロニアはいかに内戦を闘い、なぜピカソら美の巨人を輩出したか。カタロニア語を習い、バルセロナに住んで調査研究した「歴史家」によるカタロニア文明論

定価二五三〇円（本体二三〇〇円）

20世紀の歴史家たち（全五巻）（刀水歴史全書 45）

樺山紘一他編／日本と世界の歴史家一一四人の列伝全五巻。科学としての歴史学と人間としての歴史家、その知と生を二度の大戦を越えた今、生々しく見つめ描きだす

定価各三〇八〇円（本体各二八〇〇円）

歴史家たちのユートピアへ 国際歴史学会議の百年 （世界史の鏡 0巻）

樺山紘一著／一〇〇年以上も前に、世界の歴史家たちの国際的な連合組織が生まれた。その、国際歴史学会議の歩みを辿りながら、二〇～二一世紀に至る歴史家の苦悩と喜悦を振り返る

定価一七六〇円（本体一六〇〇円）

対話「東北」論

高田 宏編／岩本由輝・樺山紘一・米山俊直著／東北の本質を知り、東北を深く愛する四人の論客が、語り、主張する「東北」。個性的な文化と豊かな自然を、いま改めて発見させられる

定価二四二〇円（本体二二〇〇円）